Understanding
French
Accounts

Series Editor: Silvano Levy BA, MIL, PhD

Understanding French Accounts

Silvano Levy

PITMAN PUBLISHING
128 Long Acre, London WC2E 9AN

A Division of Longman Group Limited

First published in 1994

© Longman Group Limited 1994

A CIP catalogue record for this book can be obtained from the British Library.

ISBN 0 273 60307 8

Typeset by ROM-Data Corporation Ltd, Falmouth, Cornwall
Printed and bound in Great Britain by Page Bros Ltd

The Publishers' policy is to use paper manufactured from sustainable forests.

Contents

CONTENTS

Note

Definitions of the words printed in italics in the text on pages 19–28 and 47–54 are given in the Vocabulary at the end of this book.

Introduction

Ce nouveau livre contient les termes et expressions employés dans la langue de la comptabilité française. Il se termine par un lexique français/anglais et anglais/français mais c'est plus qu'un simple dictionnaire. Son but est de présenter et d'expliquer de façon élémentaire les principes et les documents de la comptabilité. Avec cet objectif en vue *Understanding French Accounts* vise à donner autant d'exemples que possible. Tous ces exemples, sans exception, sont authentiques et proviennent de matériel commercial émis par des entreprises commerciales, des banques et autres organisations.

Understanding French Accounts vise l'étudiant de langues modernes qui s'intéresse au commerce mais qui ne se spécialise pas nécessairement dans la comptabilité. Cependant, les renseignements et les explications contenus dans ce livre en font un outil précieux pour le traducteur, l'homme d'affaires, la secrétaire ou le directeur commercial.

La traduction des expressions françaises en anglais tient compte des spécificités de la langue américaine. Pour le cas où il y a une différence entre la traduction britannique et l'expression américaine, celle-ci est ajoutée entre crochets [ ].

Un des problèmes posés par la traduction de textes techniques est que le vocabulaire spécialisé est souvent indissociable du contexte dans lequel il apparaît. C'est tout particulièrement le cas en comptabilité, dans la mesure où le sens exact de certains termes ne peut être explicité qu'*in situ*. Un même mot pourra apparaître dans diverses sections des comptes et avoir, à chaque fois, une signification différente. Face à de tels écueils, un simple lexique est d'un intérêt limité.

Un autre aspect de la comptabilité peut lui aussi poser un problème: souvent, dans la pratique, une écriture particulière ne correspond pas à un terme unique. Comme chaque poste doit être dépourvu d'ambiguïté, il fait fréquemment l'objet d'une précision. Ainsi, si l'on considère un ensemble de comptes, on a de fortes chances d'être confronté à des expressions ou même des phrases plutôt qu'à des mots uniques. D'où la difficulté suivante: une traduction mot-à-mot n'aboutira pas nécessairement à l'expression appropriée dans la langue d'arrivée.

Understanding French Accounts cherche à surmonter ces difficultés et abandonne pour ce faire l'idée d'une présentation de type 'dictionnaire'. Au contraire, cet ouvrage:

1

1. explique les différences entre 'Bilan', 'Compte de Résultat', et 'Annexe' et énumère les sous-parties qui apparaissent dans chacun de ces comptes,
2. propose des comptes types,
3. donne, par ordre alphabétique, une liste des écritures qui peuvent apparaître dans les diverses sous-parties,
4. suggère des exercices visant à faciliter la compréhension des comptes,
5. inclue des lexiques français/anglais, anglais/français pour les termes comptables les plus courants.

L'originalité de cet ouvrage est qu'il regroupe par catégorie des termes comptables tirés d'un ensemble de Bilans, de Comptes de Résultat. Par exemple, les nombreuses écritures qui apparaissent dans les divers Comptes de Résultat, dans la catégorie 'frais d'exploitation' seront regroupées, par ordre alphabétique, sous la rubrique 'frais d'exploitation'. Par ailleurs, l'organisation de ces mêmes rubriques correspond étroitement à celle des documents originaux. Ainsi, toutes les écritures relatives aux 'produits d'exploitation' seront suivies de celles relatives aux 'charges d'exploitation', ces dernières étant elles-mêmes suivies des écritures 'produits financiers' et 'charges financières'.

Ainsi, aux avantages d'une classification des écritures par ordre alphabétique vient s'ajouter la clareté d'un tableau reflétant la structure des documents comptables. Il devient non seulement plus facile de trouver l'équivalent anglais de telle ou telle écriture mais il est également possible de déterminer laposition de cette même écriture dans la structure du Bilan ou du Compte de Résultat français. Par rapport à un dictionnaire, l'avantage principal d'une telle présentation est de permettre l'identification et la traduction d'expressions ou de phrases entières fréquemment rencontrées dans la comptabilité française. Une fois identifiée la rubrique dans laquelle cette expression apparaît {par exemple, 'immobilisations incorporelles'}, il suffit de se référer à la liste alphabétique.

Ce système facilite aussi l'étude d'une section particulière des comptes et permet de considérer les différentes alternatives. Il sera très simple, par exemple, de comparer les écritures de la rubrique 'immobilisations corporelles' à celles de la rubrique 'immobilisations incorporelles'.

Cet ouvrage a cherché à regrouper autant que faire se peut la terminologie la plus fréquemment rencontrée. Tous les exemples donnés sont extraits de documents comptables authentiques et reflètent les pratiques actuelles de la comptabilité française.

Afin d'accroître encore l'utilité de cet ouvrage de référence, *Understanding French Accounts* propose des sections sur les sigles français, les en-têtes et indications dans la comptabilité française, les conventions françaises en matière de chiffres ainsi qu'une liste d'abréviations courantes.

Je tiens à remercier Cécile Decouais, Derek Hughes, Johanna Edelsbacher et Hervé Nancey pour leur apport particulièrement important, ainsi que mon père, Sydney Levy, qui a donné des conseils indispensables.

Introduction

This new book includes terms and expressions used in French accountancy. It concludes with a French/English and English/French lexicon but it is more than just a dictionary. Its aim is to present and explain the principles of accountancy and its documents in a simple manner. With a view to this, *Understanding French Accounts* attempts to give as many examples as possible. In every case these examples are authentic and are drawn from commercial material produced by trading establishments, banks and other business concerns.

Understanding French Accounts is aimed at the student of modern languages who has an interest in business but who is not necessarily specialising in accountancy. However the information and explanations contained in this book make it extremely useful to the translator, the businessman, the secretary and the sales manager.

One of the problems of translating technical texts is that specialised words are often inseparable from their context. This is particularly so in accountancy where the precise meaning of certain terms can only be determined by taking into account where they occur. The same word could well appear in different sections of the accounts with quite different meanings. With such pitfalls, straightforward glossaries are of limited value when reading accounts.

Another potentially problematic aspect of accounts is that, in practice, individual entries often do not comprise single terms. Because each item in the accounts has to be unambiguous, it is frequently qualified in some way. Someone looking at a set of accounts is more likely to be faced with phrases or even sentences than with single words. The difficulty here is that word for word translation does not always produce the appropriate phrase in the target language.

In an attempt to overcome these difficulties, *Understanding French Accounts* abandons the idea of a simple 'dictionary' format. Instead it

1. explains the differences between balance sheets, profit and loss accounts and the notes to the accounts, as well describing the subheadings which appear in each of these accounts,
2. provides model accounts,
3. gives alphabetical lists of the entries which are likely to be found under individual subheadings,

4. suggests exercises aimed at helping an understanding of French accounts,
5. provides both French/English and English/French glossaries of the more common accountancy terms.

The original feature of this book is that it groups accounting terms taken from a great variety of balance sheets and profit and loss accounts into single categories. For example, the numerous and differing entries found in a variety of profit and loss accounts but under the single category 'operating expenditure' are grouped {alphabetically} under the one heading 'operating expenditure'. The various headings themselves are then arranged in a format which corresponds to the layout found in authentic accounts. Thus all the 'operating income' entries would be followed by all the 'operating expenditure' entries, which would themselves be followed by the 'financial income' entries and the 'financial charges' entries. In this way the advantages of an alphabetical listing of individual entries {found in dictionaries} are combined with the clarity of the tabular format of specimen accounts. Not only does this make it simple to find the English equivalent (or translation where no equivalent exists) of a particular entry but it also makes it possible to determine the correct position of that entry within the French layout of the balance sheet or the profit and loss account. A significant advantage of this format over that of a dictionary is that it allows the reader of French accounts to identify and to translate whole phrases, expressions and sentences, which are commonly found in accounts. Once the heading under which a particular expression appears can be identified {for instance 'tangible fixed assets'}, it is simply a matter of finding that expression in an alphabetical list.

This arrangement also facilitates the study of a specific section of the accounts and the consideration of its various alternatives. It would be straightforward, for example, to compare entries likely to appear under the heading 'tangible fixed assets' with those under the heading 'intangible fixed assets'.

Every attempt has been made to provide a range of the terminology most frequently encountered. For this reason all the examples given are derived from authentic accounts and reflect current practices.

To enhance the usefulness of *Understanding French Accounts* as a reference tool, there are sections on common French acronyms, headings and instructions commonly found in accounts, conventions regarding French figures and a list of common abbreviations.

I am indebted to and would like to thank Cécile Decouais, Derek Hughes, Johanna Edelsbacher and Hervé Nancey for their significant contributions. I am particularly grateful to my father, Sydney Levy, without whose advice and suggestions this publication would not have been possible.

Abréviations Utilisées dans ce Livre
Abbreviations used in this book

[ ]	**mot ou expression américaine** (North American word or expression)
( )	**mot ou expression britannique** (British word or expression)
/	**équivalent** (equivalent)
divers/autres	**mots équivalents** (alternative words)
débiteurs divers/ autres débiteurs	**expression équivalente** (alternative expression)
{ }	**explication** (explanation)
a	**adjectif** (adjective)
f	**féminin** (feminine)
m	**masculin** (masculine)
n	**nom** (noun)
pl	**pluriel** (plural)

Sigles Français
French acronyms

AFB **association française des banques** (French Bankers' Association)

AG **assemblée générale annuelle** (Annual general meeting, AGM)

AGTDC **accord général sur les tarifs douaniers et le commerce** (General Agreement on Tariffs and Trade, GATT)

AME **accord monétaire européen** (European Monetary Agreement, EMA)

ANPE **agence nationale pour l'emploi** (Job Centre)

AP **assistant(e) particulier(-ière)** (personal assistant, PA)

ASSEDIC **association pour l'emploi dans l'industrie et le commerce** (industry and commerce employment association)

BPF **bon pour francs** (value in francs)

CA **chiffre d'affaires** (turnover)

CC **compte courant** (current account)

CCI **chambre de commerce internationale** (International Chamber of Commerce, ICC)

CCP **compte courant postal/compte chèque postal** (National Girobank account)

CGT **confédération générale du travail** {French Trade Union Congress}

CNC **conseil national de la comptabilité** {French National Accountancy Body}

CNCC **compagnie nationale des commissaires aux comptes** {body of state-registered auditors}

CNE **caisse nationale d'épargne** (National Savings Bank)

COB **commission des opérations de Bourse** {French equivalent of US Securities and Exchange Commission}

ECU **unité de compte européenne** (European currency unit)

EDF **Électricité de France** (French electricity company)

E.-U.	**États-Unis**	(United States)
FB	**franc belge**	(Belgian franc)
FCP	**fonds communs de placement**	(investment fund)
FF	**franc français**	(French franc)
FG	**frais généraux**	(overheads)
FMI	**fonds monétaire international**	(International Monetary Fund, IMF)
FS	**franc suisse**	(Swiss franc)
HT	**hors taxes**	(exclusive of tax)
INSEE	**institut national des statistiques et études économiques**	(national agency for economic statistics and studies)
IS	**impôt sur les sociétés**	(corporation tax) [corporate/corporation income tax]
MBA	**marge brute d'autofinancement**	(cash flow)
OECCA	**ordre des experts comptables et des comptables agréés**	(French professional accountancy body)
OPA	**offre publique d'achat**	(takeover bid)
OPCVM	**organisme de placements collectifs en valeurs mobilières**	(unit trust)
PCC	**pour copie conforme**	(true copy)
PDG	**président-directeur général**	(chairman and managing director) [chief executive officer, CEO]
P et T	**postes et télécommunications**	(the Post Office)
PIB	**produit intérieur brut**	(gross domestic product, GDP)
PJ	**pièce(s) jointe(s)**	(enclosure/enclosures)
PME	**{confédération des} petites et moyennes entreprises**	(small and medium-sized undertakings)
PNB	**produit national brut**	(gross national product, GNP)
PNN	**produit national net**	(net national product)
PP	**port payé** (carriage paid) **payable au porteur**	(payable to bearer)
PR	**poste restante** (poste restante) **prix de revient**	(cost price)
RC	**registre du commerce**	(trade register)
SA	**société anonyme**	(public company)
SARL	**société à responsabilité limitée**	(private company)

SME	**système monétaire européen**	(European Monetary System)
SS	**sécurité sociale**	(National Health Service)
TBB	**taux de base bancaire**	(base rate)
TCA	**taxe sur le chiffre d'affaires**	(turnover tax)
TR	**tarif réduit**	(reduced rate)
TTC	**toutes taxes comprises**	(inclusive of all tax)
TVA	**taxe à la valeur ajoutée**	(value-added tax, VAT)

En-Têtes et Indications Utilisés dans les Comptes
Headings and instructions used in accounts

adresse de l'entreprise	address of firm
brut	gross
des explications concernant cette rubrique sont données dans la notice no. 20	explanations concerning this heading are given in note no. 20
désignation de l'entreprise	name of firm
durée de l'exercice exprimée en nombre de mois	duration of financial year in months
durée de l'exercice précédent	duration of previous financial year
exercice clos le	position as at
exercice du 1/1/94 au 31/12/94	financial year from 1/1/94 to 31/12/94
formulaire obligatoire (article 53A du code général des impôts)	compulsory form (article 53A of the general tax regulations)
ne pas reporter le montant en centimes	do not show the amounts in centimes
net	net
renvois	notes

Notes sur les Chiffres
Notes on figures

La virgule et le point dans les nombres cardinaux

(The comma and the point in cardinal numbers)

Il est à noter qu'un point est utilisé en français pour séparer les centaines des milliers. L'anglais utilise la virgule à cet effet.

To divide numbers clearly a point is used in French to separate the hundreds from the thousands. Where French convention uses a point English convention places a comma.

> 7,421,111 {English} = 7.421.111{French}

Les décimales

(Decimals)

Alors que le français utilise la virgule pour séparer les entiers des décimales, le point est utilisé à cet effet en anglais.

In French a comma is used to divide whole numbers from decimals whereas in English a point is used for this purpose.

> eight point three six 8.36 {English} = huit virgule trente six 8,36 {French}

> point nought two .02 {English} = virgule zéro deux ,02 {French}

Quelques expressions

(Some expressions)

la virgule	{equivalent of} decimal point
en francs	in francs
cent	one hundred
en centaines	in hundreds
mille	one thousand
en milliers de francs	in thousands of francs
dix mille	ten thousand
en dix milliers	in ten thousands
un million	a million
en millions	in millions
un milliard **1.000.000.000**	a thousand million, a milliard [billion]
un billion **1.000.000.000.000**	a billion [trillion]

Abréviations Usuelles
Common abbreviations

ac.	**acompte**	payment on account
a.c.	**argent comptant**	cash
	année courante	current year
	avaries communes	general average
acc.	**acceptation**	acceptance {of bill}
act.	**action**	share
ass.extr.	**assemblée extraordinaire**	extraordinary general meeting, EGM
Av.	**avoir**	credit
b.	**billet**	bill
	bénéfice	profit
b. à p.	**billet à payer**	bill payable
b. à r.	**billet à recevoir**	bill receivable
bce.	**balance**	balance
bt.	**billet**	bill
	brut	gross
bté	**breveté**	patented
c/.	**contre**	contra
CAF	**coût, assurance, fret**	cost, insurance, freight, CIF
c.at(t)	**coupon attaché**	cum dividend
c/c	**compte courant**	current account
CF	**coût et fret**	cost and freight
Cie	**Compagnie**	Company, Co
c/j.	**courts jours**	short-dated {bills}

com.	commission	commission
connt	connaissement	bill of lading
coup.	coupon	coupon
cpt	comptant	cash
cpte	compte	account
cr.	crédit	credit
D.	doit, débit	debit, debtor
DA	documents contre acceptation	documents against acceptance, DA
déb.	débit	debit, debtor
dif.	différé	deferred {asset or liability}
div.	dividende	dividend
DP	documents contre paiement	documents against payment, DAP
dr	débiteur	debtor
e. à p.	effet à payer	bill payable
e. à r.	effet à recevoir	bill receivable
esc.	escompte	discount
Éts	établissements	factory
ex.	exemple	{for} example
	exercice	financial year
ex.att.	exercice attaché	cum dividend
ex-bon.	ex-bonification	ex bonus
ex-d.	ex-dividende	ex dividend
ex-rép.	ex-répartition	ex bonus
F., f.	franc	Franc
f. à b.	franco à bord	free on board, FOB
fco	franco	free of charge, FOC, carriage paid, CP
FG	frais généraux	overheads
FLB	franco long du bord	free alongside ship, FAS
FOB	franco de bord	free on board, FOB
fre	facture	invoice

Frs	**Frères**	Brothers
FS	**faire suivre**	please forward
h.c.	**hors commerce**	not for sale
HT	**hors taxe(s)**	exclusive of tax
hyp.	**hypothèque**	mortgage
imp.	**impayé**	unpaid/dishonoured/ dishonoured bill
ind.	**industrie**	industry
int.	**intérêt**	interest
j/d	**jours de date**	days after date
L, £	**livre sterling**	pound sterling
l/c.	**lettre de change**	bill of exchange
l/cr.	**lettre de crédit**	letter of credit
lib.	**libéré**	fully paid
MP	**mandat-poste**	postal order
mx	**au mieux**	at best
nom.	**nominatif**	registered (security)
obl.	**obligation**	debenture, bond {fixed interest loans}
PCC	**pour copie conforme**	certified true copy
p.ex.	**par exemple**	for example
PJ	**pièce(s) jointe(s)**	enclosure(s)
p.p.	**port payé**	carriage paid
préf.	**préférence**	preference {preference share}
priv.	**privilégié**	preferential {preference share}
pte	**perte**	loss
px	**prix**	price
remb.	**remboursable**	redeemable {debentures, shares}
	remboursement	redemption {of debentures, shares}
rép.	**répartition**	allotment {of shares to applicants}

SF	**sans frais**	free of charge, FOC
Sté	**Société**	Company
t.	**titre(s)**	securities, stocks & shares
T/.	**traite**	draft
TC	**taxe complémentaire**	supplementary charge, additional tax
tél.	**téléphone**	telephone
t.p.	**tout payé**	all expenses paid
tr.	**traite**	draft
TR	**tarif réduit**	reduced rate
TS	**tarif spécial** **taxe supplémentaire**	special rate supplement
tt.	**transfert télégraphique**	telegraphic transfer
t.t.c.	**toutes taxes comprises**	inclusive of tax
TVA	**taxe à la valeur ajoutée**	VAT, value added tax
V/.,val.	**valeur(s)**	securities, stocks & shares
virt	**virement**	transfer
VPC	**vente par correspondance**	mail order
V/Réf.	**votre référence**	your reference

Le Bilan

The balance sheet

Qu'est-ce que le bilan?

Le bilan est un sommaire, à un moment donné, de la situation financière d'une entreprise. Normalement, il est dressé à la clôture d'un exercice comptable qui, il convient de noter, ne coïncide pas nécessairement à l'année civile mais qui correspond, néanmoins, à une période de douze mois. En plus des chiffres de l'exercice en cours, le bilan nous indique ceux de l'exercice précédent afin de permettre une comparaison qui donnera des indications sur l'évolution de l'entreprise.

Cette 'photographie' financière nous montre deux aspects de l'entreprise. Premièrement, elle montre l'emploi que l'entreprise a fait de ses fonds, c'est-à-dire ses biens et ses créances. Deuxièmement, elle démontre l'origine de ces fonds, c'est-à-dire les ressources ou les dettes de l'entreprise. Ces deux perspectives constituent, respectivement, l'*actif* et le *passif* du bilan.

Il y a un lien étroit entre l'*actif* et le *passif* car l'un est le 'revers' de l'autre. Le passif, qui comprend le capital, les dettes, les emprunts est ce qui finance l'actif. Par contre, l'actif {les biens, les créances, les disponibilités} est ce qui a été acquis avec le passif. Au passif nous trouvons une analyse des moyens financiers dont dispose l'entreprise. Ces ressources sont fournies par les propriétaires {capital social}, le recyclage des bénéfices passés {reports à nouveau}, divers prêteurs, les crédits fournisseurs et quelques autres. A l'actif nous trouvons une analyse de l'emploi qui est fait des moyens financiers qui figurent sur le passif.

La structure du bilan est celle d'un tableau soit en deux parties, soit vertical, en liste. Dans le premier cas, les éléments qui constituent l'actif sont listés dans une colonne de gauche et ceux qui constituent le passif sont regroupés dans l'autre colonne à droite. Dans le cas du bilan dressé en liste, la liste des éléments d'actif est suivie par celle des éléments de passif.

en deux parties

actif	passif
100	200
300	100
100	300
200	300
200	
900	900

en liste

actif	
	100
	300
	100
	200
	200
total	900
passif	
	200
	100
	300
	300
total	900

Afin de faciliter sa compréhension, chaque colonne du bilan est divisée en rubriques ou *postes* qui regroupent les articles qui possèdent des caractères communs. Même si l'entreprise a plusieurs clients dont les comptes ne sont pas soldés en fin d'exercice, elle ne va pas nécessairement les énumérer tous à l'actif du bilan. Il suffira d'en faire le total sous la rubrique unique *clients*. Le bilan doit être présentable et consultable.

Les rubriques ne sont pas classées dans le bilan de façon arbitraire. Le Plan comptable 1984 prescrit que les éléments de l'actif et du passif soient classés par ordre de liquidité croissante. Les immobilisations se trouvent au début de l'actif tandis que l'argent liquide figure à la fin. L'actif se repartit en deux ensembles principaux. Le premier en est l'*actif immobilisé*, qui représente les biens et créances qui ont été utilisés de façon durable. Le second en est l'*actif circulant*, qui englobe les biens et créances destinés à être utilisés au cours du cycle d'exploitation. A la différence de l'actif immobilisé, l'actif circulant ne sera pas maintenu durablement dans l'entreprise.

Sous la rubrique de l'*actif immobilisé* on classerait les biens ou droits qui ne constituent pas des objets concrets mais qui sont, néanmoins, des atouts pour l'entreprise. Le fonds commercial et les brevets en sont des exemples. Le fonds commercial est constitué par les éléments incorporels, comme droit au bail, l'enseigne, la clientèle, qui concourent au maintien ou au développement du potentiel d'activité de l'entreprise. D'autres biens qui figurent sous le titre d'actif immobilisé sont les biens constituant des objets matériels, tels que les terrains, le mobilier, qui s'appellent les immobilisations corporelles. Une troisième catégorie de l'actif immobilisé, les immobilisations financières, est composée de certaines créances et de certains titres, comme les titres de participation et les avances à terme.

Les quatre subdivisions de l'*actif circulant* sont les stocks et en-cours, les créances, les valeurs mobilières de placement et les disponibilités. Chacune de ces catégories de biens correspond à une activité d'exploitation. Les stocks et en-cours sont destinés à être consommés au premier usage. Ils seront soit vendus en l'état soit après un processus de production. Les créances qui sont rattachées à l'actif circulant, les sommes d'argent dues par les clients par exemple, proviennent directement de l'exploitation. Les valeurs mobilières de placement sont des titres acquis afin de réaliser un bénéfice à brève échéance. Les disponibilités représentent des liquidités en caisse ou sur un compte bancaire.

Les éléments du passif sont classés selon trois rubriques, les *capitaux propres*, les *provisions* et les *dettes*. La première de ces catégories représente les moyens de financement qui ont été mis à la disposition de l'entreprise de façon permanente. Les provisions servent à couvrir des dettes prévues. La troisième catégorie regroupe les moyens de financement externes.

La première subdivision des *capitaux propres* s'appelle capital et réserves. Elle représente les apports des associés ou des actionnaires ainsi que les bénéfices non distribués, mis à la disposition de l'entreprise. L'agglomérat du capital avec les bénéfices recyclés constituent la *situation nette*, qui est une 'dette', quand même, envers les propriétaires de l'entreprise. Le résultat de l'exercice, seconde subdivision des capitaux propres, signifie le bénéfice ou perte produit par l'entreprise au cours de l'exercice qui vient de s'achever. Les capitaux propres contiennent aussi les subventions d'investissement, qui ont été attribuées à l'entreprise en vue d'acquérir ou de créer des valeurs immobilisées, y compris le financement des activités à long terme. La dernière catégorie des capitaux propres est une réserve nommée provisions réglementées, qui a pour effet de différer une fraction d'impôts.

Afin de couvrir des risques et des charges que les activités de l'entreprise rendent probables, des *provisions pour risques et charges* sont requises.

La dernière subdivision du passif, les *dettes*, représente les dettes envers les tiers avec lesquels l'entreprise est en relation. Elle comprend trois éléments, les dettes financières, les dettes d'exploitation et d'autres dettes. *Dettes financières* est le nom donné aux emprunts auprès des établissements de crédit. Les dettes fiscales et sociales ainsi que les sommes dues aux fournisseurs sont des moyens de financement liés au cycle d'exploitation. Celles-ci s'appellent *dettes d'exploitation*. Outre ces genres de dettes, il y en a qui ne sont pas liées au cycle d'exploitation comme, par exemple, des dettes auprès de fournisseurs d'immobilisations. La rubrique employée dans ce cas est *autres dettes*.

Il va de soi que le total de l'actif égale celui du passif. Mais il faut dire aussi que, afin de correspondre avec le total de l'actif, le total du passif a dû être ajusté avec le *résultat*. Le résultat est le déséquilibre entre l'actif et le passif lors de la fin d'exercice. On peut dire que actif moins passif égale résultat. Lorsqu'on inscrit le résultat au bilan, il ne faut pas oublier le signe plus {+} ou le signe moins {–} devant le chiffre car le résultat peut être soit un bénéfice soit une perte. Dans le cas d'une perte, le résultat peut aussi être mis entre parenthèses. Évidemment, si la valeur de l'actif est plus forte que celle du passif, le résultat sera un bénéfice. L'entreprise a donc accru son patrimoine. Si la valeur du passif est plus forte que celle de l'actif, le résultat sera une perte et donc une diminution du patrimoine. Qu'il soit perte ou bénéfice, le résultat se place toujours au passif du bilan à proximité des capitaux propres. Cette présentation offre l'avantage de fixer la place du résultat sur le bilan.

en deux parties

actif	passif
400	200
300	bénéfice 100
100	600
200	300
200	
1200	1200

en liste

actif	
	100
	300
	100
	200
	200
total	900
passif	
	200
perte	(100)
	300
	500
total	900

Contrairement aux dettes proprement dites du passif, un bénéfice représente un moyen de financement interne. Les propriétaires de l'entreprise, associés ou actionnaires, sont donc libres de le répartir entre les réserves, conservées dans l'entreprise pour accroître ses moyens financiers propres, et une distribution aux propriétaires. Cette décision est prise au cours d'une réunion dès que le bilan est connu. S'il s'agit d'une société anonyme, cette réunion s'appelle l'assemblée générale ordinaire annuelle. La fraction distribuée sort du bilan. La fraction conservée s'ajoute à la rubrique *report à nouveau*, ce qui augmente les capitaux propres. Dans le cas d'une perte, cette distribution n'est pas possible. Les moyens de financement seront, en fait, réduits et le déficit devrait être absorbé lors d'un exercice suivant. On ne peut que reporter la perte *à nouveau* en valeur négative aux capitaux propres.

Une fraction du résultat peut aussi être virée à la *réserve spéciale pour la participation des salariés aux fruits de l'expansion*. Cette réserve constitue un moyen permettant aux salariés de recevoir une part des bénéfices.

Puisque le bilan est un document financier, il nous dit très peu sur la gestion économique de l'entreprise de l'exercice en cours. Ce rôle est rempli par un autre document, le compte de résultat.

What is the balance sheet?

The balance sheet is a summary of the financial situation of a business at a particular time. It is normally drawn up at the end of the accounting period which, it is worth noting, does not necessarily coincide with the calendar year but which, nevertheless, normally covers twelve months. In addition to providing the figures of the current accounting period, the balance sheet gives those of the preceding accounting period so that a comparison can be made and the progress of the business estimated.

This financial 'snapshot' shows two aspects of the business. Firstly, it shows how the business has used its capital, that is to say its assets and the monies owing to it. Secondly, it shows the source of this capital, that is to say the resources or the debts of the business. These two perspectives respectively constitute the *assets* and the *capital* and *liabilities* of the balance sheet. {The term 'capital and liabilities' is sometimes abbreviated to 'liabilities'.}

There is a direct link between the *assets* and the *liabilities* since each is the 'converse' of the other. The liabilities, which comprise the capital, the creditors and the loans, are what finance the assets. On the other hand the assets {the fixed assets and current assets} are what have been acquired with the liabilities. The liabilities amount to a breakdown of the financial resources available to the business. These resources are provided by the owners {capital}, the recycling of previous profits {brought forward}, various lenders, credits from suppliers and other traders. The assets amount to a breakdown of the use to which the financial resources in the liabilities have been put.

The balance sheet is organised either as a double-sided table or as a vertical column. In the first alternative, the items which make up the assets are listed in a column on the left and those which make up the liabilities appear in the other column on the right. In the case of a vertical balance sheet, the listing of the assets is followed by the breakdown of the liabilities.

double-sided format

assets	liabilities
100	200
300	100
100	300
200	300
200	
900	900

vertical format

assets	
	100
	300
	100
	200
	200
total	900
liabilities	
	200
	100
	300
	300
total	900

For clarity each column is divided into balance sheet headings, or *entries*, which group items which have common characteristics. Even if the business has several clients whose accounts have not been settled by the end of the accounting period, it will not necessarily list them individually under the assets. It will be sufficient to present them as a total under the single heading of *trade debtors* [*accounts receivable*]. The balance sheet must be presentable and easy to consult.

The headings are not arranged in the balance sheet in an arbitrary manner. The 1984 Accounting Plan specifies that the items in the assets and the liabilities are to be arranged in order of increasing liquidity. Fixed assets appear at the beginning of the assets whilst cash in hand appears at the end. The assets are divided into two main parts. The first is called the *fixed assets*, which comprises assets which are intended to be used on a long-term basis. The second is called the *current assets*, which comprises assets {intended to be used on a short-term basis} and debtors {monies owed to the business} which are destined to be used up, sold {in the case of stock} or collected {in the case of debtors} in the course of the trading cycle {i.e. within 12 months}. In contrast to the fixed assets, the current assets are not intended to be retained permanently within the business.

Under the heading *fixed assets* are found assets and rights which are not material objects but which nevertheless represent advantages for the business. Goodwill and patents would be examples of these. Goodwill comprises items which are not of a concrete nature {intangible}, such as entitlement to a lease, brand names and customers, which play a part in upholding and expanding the future activities of the business. Other assets which appear under the heading of fixed assets are assets in the form of material items, such as land and furniture, which are termed tangible fixed assets. A third category of the fixed assets, the investments {financial fixed assets}, comprises certain monies owing to the business and securities, such as investments in subsidiary companies and loans granted to third parties.

The four divisions of the *current assets* are stocks, debtors, investments and cash at bank and in hand. Each of these categories of assets corresponds to a trading activity. The stock and work in progress are intended to be disposed of when they are first used. They will either be sold as they stand or after a process of manufacture. The monies owing which form part of the current assets, sums of money owed by clients for instance, are directly attributable to trading. Securities have been acquired in order to realise a short-term profit. In French accounts 'Liquid funds' represent cash in hand or in a bank account.

The items in the liabilities appear under three headings, *capital and reserves*, *provisions for liabilities and charges* and *creditors*. The first of these categories represents finance which has been made permanently available to the business. The provisions cover anticipated liabilities. The third category comprises external means of finance.

The first subdivision of *capital* is called capital and reserves. It represents the bringing in of assets by the partners or the shareholders as well as non-distributed profit made available to the business. The capital combined with the recycled profits constitutes the *net worth*, which is a 'liability', nevertheless, owed to the proprietors of the business. The second subdivision of the capital, the result of the accounting period, indicates the profit or loss produced by the business in the course of the accounting period which has come to an end. The capital also contains investment subsidies, which have been granted to the business with a view to its acquiring or creating fixed assets, including the finance of long-term activities. The last category of the capital is 'provisions required by regulations', a statutory provision which has the function of deferring a proportion of taxes due.

A *provision for liabilities and charges* is necessary in order to cover the risks and charges likely to be incurred as a result of trading {e.g. future losses on contracts, depot closure costs, pension provisions}.

The last subdivision of the liabilities, the *creditors*, represents monies owed to third parties with which the business trades. This subdivision comprises three parts, financial creditors, trading creditors and sundry creditors. *Financial creditors* is the heading under which loans made by credit establishments are placed. Tax and social security as well as monies due to suppliers are means of finance which are linked to trading. They are called *trade creditors*. Apart from these types of liabilities there are those which are not linked to trading such as, for instance, monies owing to suppliers of fixed assets. The heading used in this case is *sundry creditors*.

It goes without saying that the total assets equal the total liabilities. But it must also be said that in order to become equal to the total assets, the total liabilities have to be adjusted with the *result*. The result is the difference between the assets and the liabilities at the end of the accounting period. It can be said that the assets less the liabilities equal the result. When the result is entered on the balance sheet, the plus {+} or the minus {−} sign must be placed in front of the figures since the result can be either a profit or a loss. In the event of a loss, the result can, alternatively, be placed in parentheses. Obviously if the assets are greater than the liabilities, the result will be a profit. The business will have undergone growth. If the liabilities are greater than the assets, the result will be a loss and will therefore represent a decrease in the overall value of the business. Whether it is a loss or a profit, the result always appears in the liabilities side of the balance sheet near the capital. The advantage of this way of presenting the result is that its place on the balance sheet remains constant.

double-sided format

assets	liabilities
400	200
300	profit 100
100	600
200	300
200	
1200	1200

vertical format

assets	
	100
	300
	100
	200
	200
total	900
liabilities	
	200
loss (100)	
	300
	500
total	900

As opposed to debts in the true sense within the liabilities, a profit amounts to a means of internal finance. The proprietors of the business, partners or shareholders are therefore in a position to appropriate it between reserves, which are retained within the business in order to increase its internal finance, and a distribution to the proprietors. This decision is taken during a meeting which takes place once the balance sheet is drawn up. In the case of a public or limited company, this meeting is called the Annual General Meeting {AGM}. The part of the profit which is distributed is extracted from the balance sheet. The part which is retained is added to the heading *brought forward*, which has the effect of increasing the capital. In the case of a loss, this distribution is not possible. In fact the means of finance will be reduced and the deficit will have to be absorbed in a subsequent accounting period. The loss can only be brought forward as a negative figure within the capital.

A proportion of the result can also be directed to a *special reserve for employees' profit-sharing*. This reserve enables employees to receive a share of the profits.

Since the balance sheet is a financial document, it reveals very little about the economic management of the business during the financial year in question. This is done by another document, the profit and loss account.

Modèle de bilan
Model balance sheet

EURO SA
COMPTES NON CONSOLIDÉS
(NON-CONSOLIDATED ACCOUNTS)

. . . .

BILAN AU 31 DÉCEMBRE 1994
(BALANCE SHEET AT 31st DECEMBER, 1994)

L'annexe fait partie intégrante des comptes annuels.

(The notes form an integral part of these accounts)

Les modèles de comptes suivants montrent premièrement le format en deux parties et ensuite le format vertical.

(The model accounts which follow show the double-sided format first and then the vertical format)

ACTIF (Assets) FRF/en francs (French francs)	Brut (Gross)	Amortisse-ments (Deprec-iation)	Net au (Net at) 31-12-94	Rappel net au (Net at) 31-12-93
Immobilisations incorporelles (Intangible fixed assets/tied-up capital)				
Immobilisations corporelles (Tangible Fixed/Capital assets)				
Immobilisations financières {Financial fixed assets} (Investments)				
Total I: Actif immobilisé (Total I: Total fixed assets)				
Stocks et en-cours (Stocks [Inventory] and work in progress)				
Avances et acomptes: (Prepayments on account and deposits)				
Créances (Debtors)				
Disponibilités (Cash at bank and in hand)				
Total II: Autres actifs (Total II: Total current assets)				
Charges constatées d'avance (Prepayments and accrued income				
Total III:				
Total de l'actif/Total général: I à III (Total assets/Grand total)				

Annexe: (Notes)

PASSIF (Capital and Liabilities) FRF/en francs (French francs)	31.12.94	31.12.93
Capitaux propres (Capital and reserves)		
Total I: Capitaux propres (Total I: Total share capital and reserves)		
Provisions pour risques et charges (Provision for liabilities and charges)		
Total II: Provisions (Total II: Provisions)		
Engagements donnés (Commitments)		
Dettes (Creditors)		
Comptes de régularisation ('Equalisation accounts' accruals & deferred income)		
Total III: Dettes (Total III: Total creditors)		
Total du passif/Total général: I à III (Total liabilities/Grand Total)		

Annexe: (Notes)

ACTIF (Assets)	Brut (Gross)	Amortissements (Depreciation)	Net au (Net at) 31-12-94	Rappel net au (Net at) 31-12-93
ACTIF IMMOBILISÉ (Fixed assets)				
Immobilisations incorporelles (Intangible fixed assets)				
Immobilisations corporelles (Tangible fixed assets)				
Immobilisations financières [Financial fixed assets] (Investments)				
TOTAL I				
ACTIF CIRCULANT (Current assets)				
Stocks et en-cours (Stocks and work in progress)				
Avances et acomptes (Prepayments on account and deposits)				
Créances (Debtors)				
Valeurs mobilières de placement (Investments)				
Disponibilités (Cash at bank and in hand)				
Charges constatées d'avance (Prepayments and accured income)				
TOTAL II				
TOTAL GÉNÉRAL (GRAND TOTAL)				

PASSIF (Capital and Liabilities)	31-12-94	31-12-93
CAPITAUX PROPRES (Capital&reserves)		
Capital (Share capital)		
Écarts de réévaluation (Revaluation reserves)		
Réserves (Reserves)		
Report à nouveau (Carry forward from profit & loss account)		
Résultat de l'exercice: bénéfice ou perte (Profit or loss for accounting period)		
Provisions réglementées (Provisions required by regulations)		
TOTAL I		
Provisions pour risques et charges (Provisions for liabilities and charges)		
TOTAL II		
Dettes (Creditors)		
Produits constatés d'avance (Accruals & deferred income)		
TOTAL III		
TOTAL GÉNÉRAL (GRAND TOTAL)		

Les écritures du bilan

Balance sheet entries

Actif

(Assets)

IMMOBILISATIONS INCORPORELLES	INTANGIBLE FIXED ASSETS
autres immobilisations incorporelles	other intangible assets
avances et acomptes sur immobilisations incorporelles	{advances and deposits} prepayments [prepaid expenses] on intangible assets
brevets	patents
concessions	concessions
fonds commercial/de commerce	goodwill
frais d'émission d'obligations	charges for issuing bonds
frais d'établissement	initial/formation costs
frais de recherche et de développement	research and development expenses
immobilisations mises en concession	fixed assets under concession
survaleurs	goodwill

IMMOBILISATIONS CORPORELLES	TANGIBLE FIXED ASSETS [FIXED ASSETS]
acomptes versés aux constructeurs	{prepayment made to plant constructors} payments on account/ fixed assets in course of construction
agencements, installations	fixtures/installations/fittings
autres immobilisations corporelles	other tangible fixed assets [other fixed assets]
biens de production	plant and machinery
biens d'équipement	plant and machinery
biens immobiliers	land and buildings
constructions et immeubles	buildings
emballages commerciaux récupérables	returnable commercial packaging
équipements de construction	construction plant
immobilisations en cours	{current capital expenditure} fixed assets in course of construction
installation	plant/equipment/facilities
installations électriques	electrical equipment
installations techniques	technical equipment
matériel de bureau	office equipment
matériel et outillage	plant and machinery [equipment]
matériel de transport	transport equipment
mobilier de bureau	office furniture
mobilier logement	furniture in living accommodation
moins: amortissements	less: depreciations
pièces de rechange	spare parts
terrains	land

AUTRES IMMOBILISATIONS CORPORELLES/ AUTRES VALEURS IMMOBILISÉES	OTHER TANGIBLE FIXED ASSETS [OTHER FIXED ASSETS]
IMMOBILISATIONS FINANCIÈRES	INVESTMENTS {long-term loans and long-term investments}

autres	sundry and miscellaneous
autres immobilisations financières	other investments
autres titres immobilisés	{other fixed charge securities} other investments
avances à terme	term loans
créances rattachées à des participations	long-term loans to subsidiaries or associated undertakings
dépôts et cautionnements	deposits and guarantees
participations	interest in subsidiaries or associated undertakings
participations et créances rattachées à des participations	interest in subsidiaries or associated undertakings and debts relating thereto
parts de Peugeot SA	investment in Peugeot SA
prêts	loans
prêts et autres créances à plus d'un an	loans and other amounts falling due after more than one year
titres de participation {dans les filiales}	interest in subsidiaries or associated undertakings

VALEURS D'EXPLOITATION	CURRENT ASSETS {trading assets/operational assets}
STOCKS ET EN-COURS	STOCKS [INVENTORIES] AND WORK IN PROGRESS [PROCESS]

actif circulant	current assets
actif disponible	current assets
actif liquide	current assets
actif négociable	current assets
actif réalisable	current assets
actif de roulement	current assets
approvisionnements	raw materials/supplies
autres approvisionnements	other raw materials/supplies
emballages commerciaux	commercial packaging
emballages commerciaux non récupérables	non-returnable commercial packaging

en-cours	work in progress [process]
en-cours de production de biens	work in progress [process] {goods}
en-cours de production de services	work in progress [process] {services} /part-completed services
fournisseurs, avances et acomptes versés sur commandes d'exploitation	suppliers, payments on account and deposits {advances and prepayments made on trading orders}
marchandises	goods
matières et fournitures	materials [material] and supplies
matières premières	raw materials [material]
produits en cours	work in progress [process]
produits finis	finished products
produits semi-finis	{semi-finished/semi-manufactured products} work in progress [process]
produits semi-ouvrés	{semi-finished/semi-manufactured products} work in progress [process]
remboursements vol stocks	reimbursement of stolen stock
stocks	stocks [inventory]
stocks de marchandises	goods for resale [inventory]
stocks de produits	finished goods [inventory]
travaux en cours	work in progress [process]

AVANCES ET ACOMPTES	PAYMENTS ON ACCOUNT & DEPOSITS
ENGAGEMENTS	COMMITMENTS {no equivalent heading in UK accounts}

actionnaires–restant dû sur capital	share capital not called up
actions d'administrateurs déposées en garantie de gestion	directors' shares deposited as guarantee
avances et acomptes versés sur commandes d'exploitation	advances and deposits [prepaid expenses] on trading orders
cautions	guarantees received
charges constatées d'avance	prepayments [prepaid expenses] and accrued income

comptes régularisation	equalisation accounts
débiteurs par avals	debtors on account of guarantees given
garanties données	guarantees given {to the business}
matériel en commande	equipment on order

CRÉANCES	CURRENT ASSETS: DEBTORS [ACCOUNTS RECEIVABLE]
autres créances	other debtors/{short-term receivables}
autres créances d'exploitation	other debtors/{short-term receivables}
autres débiteurs	other debtors
clients et comptes rattachés	trade debtors [accounts receivable] and related accounts
créances diverses	sundry receivables
créances sur l'État et autres collectivités publiques	debts: by government/State and other public bodies/utilities
débiteurs	debtors
groupe et associés	short-term loans to group and associated undertakings
provision pour créances douteuses	provision for doubtful debts

DISPONIBILITÉS/ VALEURS RÉALISABLES ET DISPONIBLES	CASH AT BANK AND IN HAND/ CURRENT ASSETS: INVESTMENTS/ CASH AT BANK AND IN HAND
autres créances	other debtors
avances à sociétés filiales	loans to subsidiary undertakings
avances au personnel	loans to staff
banques	cash at bank
banques, établissements financiers et assimilés	banks, financial and similar institutions
bons de Trésor	treasury bonds
caisse	cash in hand [cash]
chèques et coupons à encaisser	cheques and coupons to be collected

chèques postaux	post office cheques
comptes courants d'associés	partners' current accounts
comptes de régies d'avances et accréditifs	advance made to state-owned companies/ imprest accounts and credits
compte de régularisation: actif	equalisation account: assets
créances	credit {to customers}
débiteurs divers/autres débiteurs	sundry debtors/other debtors
disponibilités	available funds/liquid assets/cash at bank and in hand
divers	sundries
écart de conversion: actif	exchange rate differences: assets
effets à recevoir	debtors [accounts receivable]
État: impôts et taxes	State: taxes and duties
État: taxes à récupérer	State: tax recoverable
filiales	subsidiaries
instruments financiers	financial instruments {documents}
locataires	tenants
mandat-poste	postal order
placements	investments
prêts à moins d'un an	loans falling due within one year
primes de remboursement	premium on redemption {premium on redemption of debentures or bonds}
primes de remboursement des obligations	premium on redemption of debentures or bonds
régies d'avances et accréditifs	imprest accounts and credits
sociétés apparentées	group undertaking
sociétés mères et filiales	parent undertakings and subsidiaries
titres de placement	quoted securities
valeurs de placement/de portefeuille	quoted securities
valeurs mobilières de placement	quoted securities
warrants et autres effets gagés à recevoir	warrants and other secured debtors

RÉESTIMATION DES COMPTES EN DEVISES	TRANSLATION DIFFERENCES {difference arising on translating financial statements from one currency into another}

ANNEXE	NOTES
dont droit au bail FF. 49.000	including entitlement to lease FF. 49,000
L'annexe fait partie intégrante de ces comptes	The notes form part of these accounts
néant aux 31 décembre 1994 et 1993	nil at 31st December, 1994 and 1993
part à moins d'un an	debtors falling due within one year
part à plus d'un an	debtors falling due after more than one year
Références à l'annexe	Notes

Passif

(Liabilities) [Liabilities and Shareholders' Equity]

CAPITAUX PROPRES/ CAPITAL ET RÉSERVES	CAPITAL AND RESERVES [SHAREHOLDERS' EQUITY]
amortissements réglementés	depreciations required by regulations
autres réserves	other reserves
bénéfice de l'exercice moins: provisions impôt société	profit for the financial year less: provision for corporation tax
capital - actions	share capital [shareholders' equity]
capital appelé	called-up share capital
capital effectif	paid-up share capital
capital émis	issued share capital
capital libéré	paid-up share capital
capital nominal	authorised share capital
capital réel	paid-up share capital

capital social	share capital
capital versé	paid-up share capital
différence de consolidation	consolidation difference {goodwill on consolidation}
dotation provenant de plus-values à long terme	appropriation from long-term appreciation {reserve}
écart de conversion	exchange rate adjustment reserve
écart(s) de réévaluation	revaluation reserves
intérêts minoritaires	minority interests
plus-values à long terme	long-term appreciation {reserve}
primes d'apport	share premium account/share premiums/bringing in of assets {arising from an issue of shares for a consideration other than cash}
primes d'émission (d'actions)	share premium account/share premiums {arising from an issue of shares for cash}
primes de fusion	share premium account/share premiums re: merger {arising on the issue of shares when absorbing another company}
provision pour fluctuation des cours	provision for exchange rate fluctuation
provision pour hausse des prix	provision for price increases
provision pour investissement	provision for investment
provisions réglementées	provisions required by regulations
provision spéciale de réévaluation	special provision for revaluation
report à nouveau (solde créditeur ou solde débiteur)	profit and loss account brought forward (credit or debit balance)/ unappropriated profit
réserves	reserves
réserve de consolidation	consolidation reserve
réserve de conversion	exchange rate differences reserve
réserves facultatives	optional reserves
réserve générale	general reserve
réserve légale	legal reserve
réserve pour investissements	reserve for investments

réserves réglementées	statutory reserves
réserves résultant des dispositions fiscales	reserve for tax
réserve spéciale de réévaluation	revaluation reserve
réserve spéciale des/pour plus-values à long terme	special reserve for long-term appreciations
résultat de l'exercice {bénéfice ou perte}	profit and loss account for the financial year/result for the year
situation nette	net worth
subventions d'équipement	plant subsidies
subventions d'investissement	investment subsidies
subventions inscrites à Pertes et Profits	subsidies entered in Profit and Loss Account
subventions reçues	subsidies received
valeur nette	net worth

PROVISIONS POUR PERTES/ RISQUES ET CHARGES — PROVISIONS FOR LIABILITIES AND CHARGES

provisions pour charges	provisions for charges
provisions pour participation	provisions for investment in subsidiaries
provisions pour risques	provisions for risks

ENGAGEMENTS DONNÉS — COMMITMENTS

effets portés/pris à l'escompte et non-échus	discounted bills of exchange not matured
(engagements de) crédit-bail immobilier	lease commitments on real-estate
(engagements de) crédit-bail mobilier	equipment leasing
engagements donnés (autres)	other commitments given

DETTES	CREDITORS [ACCOUNTS PAYABLE]
A) DETTES À LONG ET MOYEN TERME	A) LONG AND MEDIUM-TERM LIABILITIES
autres dettes à plus d'un an	other creditors [accounts payable] falling due after more than one year
dettes rattachées à des participations	liabilities related to group and associated undertakings
emprunts à long terme	long-term loans
emprunts à moyen terme	medium-term loans
fonds de participation	funds for investment in group and associated undertakings
obligations et bons à plus d'un an	bonds and certificates falling due after more than one year
B) DETTES À COURT TERME	B) SHORT-TERM LIABILITIES
autres créanciers (dont banques FF. 100)	other creditors [accounts payable] (including bank FRF. 100)
autres dettes {à moins d'un an}	other creditors [accounts payable] {falling due within one year}
autres dettes non financières	other non-financial creditors
avances et acomptes reçus sur commandes en cours	{advances and prepayments made on orders in production} payments received on account
banque(s)	bank
banques, établissements financiers et assimilés	banks, financial and similar institutions
charges à payer	charges payable/accrued charges [accrued liabilities]
clients: avances et acomptes	customers: payments received on account {advances and prepayments} [prepaid expenses]
comptes d'associés: dividendes	partners' accounts: dividends
comptes de régularisation: passif	accruals and deferred income {equalisation account: liabilities}
concours bancaires courants	bank overdrafts
créditeurs divers	sundry creditors [accounts payable]

dettes financières	financial liabilities {e.g. bank loan, bank overdraft, debenture}
dettes fiscales et sociales	tax and social security liability
dettes fournisseurs et comptes rattachés	trade creditors [accounts payable] and accruals {suppliers and related accounts}
dettes sur immobilisations	liabilities on capital expenditure
effets à payer	bills payable
emprunts à moins d'un an	loans falling due within one year
emprunts et dettes assimilées	loans and sundry/similar creditors [accounts payable]
emprunts et dettes auprès des établissements de crédit	bank loans and overdrafts
emprunts et dettes financières divers	sundry loans and overdrafts
État: impôts et taxes	State: duties and taxes {payable}
État: impôt société	State: corporation tax {payable}
État: TVA à payer	State: VAT payable
filiales et sociétés apparentées	{amounts owed to} group undertakings
fournisseurs (et comptes rattachés)	trade creditors [accounts payable] (and accruals/and related accounts)
groupe	{amounts owed to} group undertakings
montant des engagements donnés	total amount re: commitments given
obligations et emprunts à moins d'un an	bonds and loans falling due within one year
personnel et comptes rattachés	liabilities re: employees and related costs
sociétés mères et filiales	amounts owed to group undertakings {parent undertakings and subsidiaries}

COMPTES DE RÉGULARISATION	ACCRUALS AND DEFERRED INCOME {equalisation accounts}

dettes constatées d'avance	deferred liabilities
produits constatés d'avance	accruals and deferred income

RÉESTIMATION DES COMPTES EN DEVISES	CURRENCY TRANSLATION DIFFERENCES/ADJUSTMENTS
écarts de conversion passif	currency translation differences/adjustments

ANNEXE	NOTES
à structure comparable avec 1993	made comparable with 1993
dettes à moins d'un an	creditors [accounts payable] falling due within one year
dettes à plus d'un an	creditors [accounts payable] falling due after more than one year
dettes et produits constatés à moins d'un an	accruals and deferred income falling due within one year
dont concours bancaires courants, et soldes créditeurs de banques et C.C.P. {compte courant postal/compte chèque postal}	including bank overdrafts and bank and (National) Girobank credit accounts
dont réserve de réévaluation (1983)	including revaluation reserve (1983)
dont réserve réglementée des plus-values à long terme	including statutory reserve for long-term appreciations
dont réserve spéciale de réévaluation (1966)	including special revaluation reserve (1966)
dont réserve spéciale des profits de construction	including building profits special reserve
L'annexe fait partie intégrante des comptes annuels	The notes form part of these accounts
Les comptes ont été approuvés par le Conseil d'Administration du 30 juin, 1994	The accounts were approved by the Board of Directors on 30th June, 1994
néant aux 31 décembre 1994 et 1993	nil at 31st December, 1994 and 1993
références à l'annexe	notes

Le Compte de Résultat

The Profit and Loss Account

Qu'est-ce que le compte de résultat?

Le compte de résultat est 'l'histoire' de la gestion de l'entreprise. Il exprime les détails de l'activité commerciale et industrielle de l'entreprise pour un seul exercice. En début de chaque exercice il est remis à zéro.

Le compte de résultat est une comparaison entre les *charges*, c'est-à-dire entre le coût de revient des biens ou services vendus, et les *produits*, c'est-à-dire le prix de vente des biens ou services. Ces deux perspectives constituent les deux parties du compte de résultat, qui se présente sous forme d'un tableau soit vertical, en liste, soit latéral, en deux parties.

Le but le plus important du compte de résultat est d'analyser la formation du *résultat*. Le compte de résultat donne la liste des charges et des produits qui ont engendré le résultat. Le résultat global s'obtient en déduisant le total des charges du total des produits. Il faut, cependant, tenir compte du fait que le résultat n'est égal à la différence entre les produits et les charges qu'à condition que les stocks soient restés constants et que, autrement, il faut déduire de cette différence la diminution des stocks. Ce problème est résolu en introduisant un compte 'variation du stock' parmi les comptes de charges.

Le classement des charges et des produits exigé par le tableau vertical du compte de résultat permet à l'entreprise d'analyser la formation du résultat en plusieurs étapes. La déduction des charges d'exploitation des produits d'exploitation nous révèle le *résultat d'exploitation*. La déduction des charges financières des produits financiers nous révèle le *résultat financier*. Le *résultat exceptionnel* s'établit en effectuant la différence entre les charges exceptionnelles et les produits exceptionnels. La combinaison du résultat d'exploitation et du résultat financier s'appelle *résultat courant*. Le *résultat de l'exercice*, qui est identique à celui du bilan, s'obtient en additionnant le résultat courant au résultat exceptionnel. Un bénéfice apparaît comme solde créditeur, tandis qu'une perte apparaît comme solde débiteur.

en deux parties

charges	produits
100	200
300	100
100	300
	100
bénéfice 200	
700	700

charges	produits
500	200
300	100
100	300
	perte 300
900	900

en liste

résultat d'exploitation	300
résultat financier	(200)
résultat exceptionnel	100
résultat de l'exercice – bénéfice	200

Les *charges* comprennent les frais d'exploitation, c'est-à-dire les sommes versées pour les marchandises, les approvisionnements, les travaux et services consommés par l'entreprise au cours de l'exercice. Les achats, la rémunération du personnel en seraient des exemples. Les charges comprennent également les sommes versées en vertu d'une obligation légale, comme les impôts, ainsi que les dotations aux amortissements et aux provisions. Le compte de résultat divise les charges en trois sections, les *charges d'exploitation*, les *charges financières* et les *charges exceptionnelles*.

Les *charges d'exploitation* représentent les coûts occasionnés par l'activité normale de l'entreprise. Nous y trouvons les charges générées par l'entreprise, telles que les charges associées aux locaux (électricité, gaz, location), les charges de personnel (rémunération, chèques déjeuners, cotisations sociales, formation) et les obligations légales que l'entreprise doit remplir (taxes, impôts, impôts fonciers). L'entreprise doit aussi calculer les frais qu'elle encourt par suite de l'usure de ses matériaux et de ses investissements. Ces frais sont inscrits aux 'dotations aux amortissements'. Une autre dotation qui fait partie des charges générées par l'entreprise elle-même c'est 'la dotation aux provisions', qui tient compte du coût de risques probables.

L'autre aspect des charges d'exploitation c'est la consommation par l'entreprise de biens et services. Ces frais de production sont soit des achats de services, soit des achats de biens (fournitures). Lorsque ceux-ci sont portés au compte de résultat ils seront corrigés des *variations des stocks*.

Afin de présenter le coût d'achat des marchandises vendues et non pas le total des achats de marchandises, l'entreprise doit déduire le stock final/de clôture du stock initial/d'ouverture plus les achats. Le coût d'achat des marchandises vendues est égal à:

$$\text{stock initial} + \text{achats} - \text{stock final}$$

Le coût d'achat des marchandises vendues peut aussi être exprimé comme suit:

$$\text{coût d'achat de l'exercice} + (\text{stock initial} - \text{stock final})$$

La variation de stocks représente le calcul: stock initial - stock final. Le poste variation de stock est une modification soit positive, soit négative. La variation de stock est négative lorsque le stock initial est inférieur au stock final, ce qui donnerait lieu à une diminution de charges. Inversement, la variation de stock est positive lorsque le stock initial est supérieur au stock final, ce qui augmenterait les charges.

Dans le premier cas:

$$\text{coût d'achat des marchandises vendues} =$$
$$\text{coût d'achat de l'exercice} - \text{variation de stock}$$

Dans le deuxième cas:

$$\text{coût d'achat des marchandises vendues} =$$
$$\text{coût d'achat de l'exercice} + \text{variation de stock}$$

Le montant de la variation en moins est inscrit entre parenthèses ou précédé du signe $-$.

Le coût de financement de l'entreprise est classé sous la rubrique *charges financières*. Cette catégorie comprend d'autres frais financiers tels que les escomptes accordés, les pertes de change et les intérêts.

Les *charges exceptionnelles* comprennent les coûts qui ne sont pas liés à l'exploitation ou à l'activité normale de l'entreprise.

Les *produits* proviennent des sommes reçues ou à recevoir. Ces sommes sont payées par l'entreprise en règlement de la fourniture de biens, travaux et services. Outre ces ventes directes l'entreprise pourrait recevoir des sommes en vertu de certains avantages qu'elle a consentis. Les redevances, par exemple, proviendraient d'une telle source. Certains produits, dont les produits des valeurs mobilières de placement, ne sont pas liés à l'exploitation proprement dite. Il y a trois répartitions des produits dans le compte de résultat, les *produits d'exploitation*, les *produits financiers* et les *produits exceptionnels*.

Les *produits d'exploitation* représentent les ressources produites par l'activité normale de l'entreprise. La majeur partie de ces ressources provient uniquement de deux sortes de ventes. Premièrement il y a les ventes de marchandises, c'est-à-dire les ventes de biens achetés en l'état. Deuxièmement il y a la production de l'entreprise. Celle-ci comprend la production vendue (vente de biens fabriqués, de services et commissions), la production stockée (la variation de stocks de produits) et la production immobilisée (travaux faits par l'entreprise pour elle-même). Un aspect moins important des produits d'exploitation c'est la production annexe, qui ne provient pas de l'activité principale de l'entreprise.

Les *produits financiers* sont les revenus financiers procurés par des placements et par les escomptes obtenus.

Les *produits exceptionnels* proviennent de la cession d'éléments d'actif.

Les sociétés qui appartiennent aux catégories SARL (société anonyme à responsabilité limitée) et SA (société anonyme) sont soumises à l'impôt sur les sociétés, dont le poste figure dans les charges du compte de résultat sous la rubrique *impôt sur les bénéfices*.

What is the profit and loss account?

The Profit and Loss Account is the 'explanation' of how the business has been managed. It gives details of the commercial and industrial activities of the business over a single accounting period. At the beginning of each accounting period the profit and loss account is reset to zero.

The profit and loss account is a comparison between *expenses*, that is to say the cost price of the goods or services which have been sold, and *income*, or sale price of goods or services. These two basic elements make up the two halves of the profit and loss account, which is drawn up either in a vertical format or as a double-sided table.

The primary aim of the profit and loss account is to give a breakdown of the final *result*. The profit and loss account lists the expenses and the income which have given rise to the result. The gross result is reached by subtracting total expenses from total income. It is, however, essential to take account of the fact that the result equals the difference between income and expenses only if the stock has remained constant. If this is not the case, the amount by which the stock has reduced has to be deducted from the difference between income and expenses. This problem is solved by the introduction of a 'variation in stock' entry, which by convention is on the expenses side.

The vertical format of the profit and loss account arranges the expenses and income in a way which subdivides the formation of the result into stages. The deduction of operating expenses from operating income gives the *operating result*. The deduction of financial expenses from financial income gives the *financial result*. The *extraordinary result* is given by the difference between extraordinary expenses and extraordinary income. The combination of operating result and the financial result produces the *current result*. The *profit* or *loss for the financial year*, which is identical to the corresponding figure in the balance sheet, is obtained by adding the current result to the extraordinary result. A profit is shown as a balance on the expenses side whilst a loss is shown as a balance on the income side.

double-sided format of profit & loss account

expenses	income
100	200
300	100
100	300
	100
profit 200	
700	700

{Here income is greater than expenses and therefore there is a profit}

expenses	income
500	200
300	100
100	300
	loss 300
900	900

{Here expenses are greater than income and therefore there is a loss}

vertical format of profit & loss account

operating result	300
financial result	(200)
extraordinary result	100
profit for the year	200

Expenses comprise the trading [operating] costs, that is to say the cost of goods, supplies, labour and services bought in by the business in the course of the accounting period. Typical examples of these would be purchases and staff salaries. Expenses also include legally required disbursements, such as payment of taxes, as well as allocations to depreciation and provision accounts. The profit and loss account divides expenses into three sections, *operating expenses*, *financial expenses* and *exceptional expenses*.

The *operating expenses* comprise costs incurred during normal trading. These include expenses generated by the business, such as those arising from the running costs of premises (electricity, gas, rent), staff expenses (salaries, luncheon vouchers, National Insurance contributions, training) and legal obligations (tax, tax on property/land). The business must also evaluate the cost of wear and tear on its materials and assets. These expenses are placed within the category 'appropriations to depreciation'. Another type of appropriation falling under the category of expenses generated by the business itself is the 'appropriation to provisions', which takes account of probable risks. {A provision is an estimate of a known but not yet quantified expense, such as a future gas bill, covering part of the current accounting period.}

The other aspect of the operating expenses is the company's own use of goods and services. These manufacturing expenses amount to either purchases of services or purchases of goods {supplies}. In the profit and loss account such entries are corrected by a *variation in stocks* entry.

In order to show the cost of goods sold and not the total of the goods bought, it is necessary to deduct the closing stock from (the opening stock plus purchases). The purchase cost of goods sold equals:

opening stock	+	purchases	−	closing stock
{goods left over from previous year in warehouse}		{goods bought this year}		{goods remaining in warehouse at end of this year}

The purchase cost of goods sold can also be expressed as follows:

> cost of purchases for the accounting period +
> (opening stock − closing stock)

Variation in stocks is determined by the calculation: opening stock − closing stock. The entry 'variation in stocks' is either a positive or a negative adjustment. Variation in stocks is negative when the opening stock is less than the closing stock, which would result in a reduction in the expenses. Alternatively, the variation in stocks entry is positive when the opening stock is greater than the closing stock, in which case the expenses would increase. In the first case:

> cost of goods sold =
> cost of purchases for the accounting period − variation in stocks

In the second case:

> cost of goods sold =
> cost of purchases for the accounting period + variation in stocks

When variation in stocks is a negative figure it is written in parentheses or preceded by a minus sign.

The cost of financing the business appears under the heading *financial expenses*. Within this category are included other financial expenses such as discounts allowed, losses in foreign exchange transactions and interest paid.

Extraordinary expenses comprise costs which are not linked to the ordinary activities of the business.

Income is derived from monies received or due. These monies are receipts for goods sold, work, or services provided by the business. Apart from these direct sales, the business could receive monies on account of privileges which it has granted. Royalties would be such an instance. Certain types of income, including income from investments, are not directly linked to trading. There are three subdivisions of income in the profit and loss account: *operating income, financial income* and *exceptional income*.

Operating income comprises the income arising from normal trading. The majority of this income arises from sales, which can be divided into two types. Firstly, there are sales of goods, that is to say sales of items originally purchased in a finished state. Secondly, there are goods which have been manufactured by the business. These can be subdivided into sales {sale of manufactured goods, of services and commissions}, stock {variation in stocks} and work performed by the business for its own purposes and capitalised. A less important aspect of operating income is the supplementary production, which does not result from the principal activity of the business.

Financial income is revenue obtained through investments and discounts received.

Extraordinary income arises from profit on sale of fixed assets.

Companies which belong to the categories SARL {limited liability company} and SA {public company} are subject to corporation tax [corporate/corporation income tax], which is entered in the expenses of the profit and loss account under the heading *tax on profit*.

Modèle de Compte de Résultat

Model profit and loss account

EURO SA
COMPTES NON CONSOLIDÉS
(NON-CONSOLIDATED ACCOUNTS)

· ·

COMPTE DE RÉSULTAT DE L'EXERCICE 1994
COMPTE DE RÉSULTAT: FIN D'EXERCICE 31 DÉCEMBRE 1994
(PROFIT AND LOSS ACCOUNT FOR THE YEAR ENDED
31st DECEMBER, 1994)

L'annexe fait partie intégrante des comptes annuels.

(The notes form an integral part of these accounts)

Les modèles des comptes suivants montrent premièrement le format en deux parties et ensuite le format vertical.

(The model accounts which follow show the double-sided format first and then the vertical format)

CHARGES, HORS TAXES (Expenses, exclusive of tax)	exercice (financial year) 1994	1993	PRODUITS, HORS TAXES (Income, exclusive of tax)	exercice (financial year) 1994	1993
Charges d'exploitation (Operating expenses) [Operating expenditure]			Produits d'exploitation (Operating income) [Operating income]		
Charges Financières (Financial expenses)			Produits financiers (Financial income)		
Total I			Total I		
Charges exceptionnelles Total II (Extraordinary expenses Total II)			Produits exceptionnels Total II (Extraordinary income Total II)		
Impôts sur les bénéfices Total III (Tax on profit Total III)					
Total des charges (Total expenses)			Total des produits (Total income)		
Solde créditeur: bénéfice (Balance: profit)			Solde débiteur: perte (Balance: loss)		
Total Général (Sum Total)			Total Général (Sum Total)		

COMPTE DE RÉSULTAT (Profit and loss account) **FRF/en francs** (French francs)	Exercice au 31 décembre 1994 (Year to/end 31 December 1994)	Exercice au 31 décembre 1993 (Year to/end 31 December 1993)
Produits d'exploitation (Operating income)		
Total I: Total des produits d'exploitation (Total I: Total operating income)		
Charges d'exploitation (Operating expenses) [Operating expenditure]		
Total II: Total des Charges d'exploitation (Total II: Total operating expenses) [Total operating expenditure]		
Résultat d'exploitation: bénéfice/ (perte) Total I – Total II (Operating results: profit/(loss) on operations)		
Produits financiers (Financial income)		
Total III: Total des produits financiers (Total III: Total financial income)		
Charges financières (Financial expenses)		
Total IV: Total des charges financières (Total IV: Total financial expenses)		
Résultat financier: bénéfice/(perte) Total III – Total IV (Profit/(loss) on financial operations)		
Produits exceptionnels: Total V (Extraordinary income: Total V)		
Charges exceptionnelles: Total VI (Extraordinary expenses: Total VI)		
Résultat exceptionnel: bénéfice/(perte) Total V–Total VI (Extraordinary result)		
Résultat de l'exercice: bénéfice/(perte) (Profit/(loss) for the year)		

Les écritures du compte de résultat
Profit and loss account entries

Note: the subheadings which follow correspond to the vertical format of the profit and loss account.

Produits d'exploitation

(operating income)

STOCK	STOCK [INVENTORY]
approvisionnements	supplies
fournitures	supplies
marchandises	goods
matières	materials [material]
moins provisions pour dépréciation	less provisions for depreciation
production immobilisée	own work capitalised
production stockée	stock [inventory]
stock à la fin de l'exercice/en fin d'exercice	{stock at the end of the financial year} closing stock
travaux en cours en fin d'exercise	work in progress [process] at the end of the financial year

PRODUITS D'EXPLOITATION	OPERATING INCOME [OPERATING PROCEEDS]
aide fiscale	fiscal aid
autres produits {d'exploitation}	other operating income [operating proceeds]

autres produits de gestion courante	other operating income [operating proceeds]
chiffre d'affaires	turnover
commissions sur affaires	commissions
différences positives de change	positive exchange-rate differences
location matériel	{income from} hire of equipment
pertes sur exercices antérieurs converties par des provisions	losses on previous financial years converted by provisions
plus-values réalisées à l'occasion de la cession d'éléments de l'actif immobilisé	surplus realised on disposal of fixed assets
plus-value sur machines	surplus realised on disposal of machines
prestations de services	services rendered
prix de cession d'éléments d'actif cédés	transfer of items from assets
production immobilisée	{work performed for own purposes and capitalised} own work capitalised
production vendue de biens	sale of goods
production vendue de services	sale of services
produits accessoires	accessory products
produits annexes	supplementary/accessory products
produits finis (toutes taxes comprises)	finished products (inclusive of all taxes)
produits nets partiels sur opération à long terme	net income recognised on long-term contracts
profits (autres) sur exercices antérieurs	(other) profits on previous financial years
profits divers	sundry profits
provision clients devenue sans objet	trade debt provision no longer required
redevances	royalties/fees
reprises de/sur provisions	recovery [writing back] of provisions
reprises sur amortissements	recovery [writing back] of depreciation
reventes en l'état	stock resold as it stands
revenus des immeubles hors exploitation	income from non-trading buildings
subventions d'exploitation reçues	trading [operating] subsidies received

travaux effectués/faits par l'entreprise pour elle-même	work performed by the undertaking for its own purposes
travaux et charges non-imputables à l'exploitation de l'exercice	works and expenses/costs non-attributable to the financial year's trading
ventes (hors taxes)	sales (excluding tax)
ventes de déchets et d'emballage	sales of waste and packaging
ventes de produits fabriqués	sales of goods
ventes de marchandises	sales

Charges d'exploitation

(operating expenses) [operating expenditure]

STOCK	STOCK [INVENTORY]
approvisionnements	supplies
emballages commerciaux non-récupérables	non-returnable commercial packaging
fournitures	supplies
marchandises	goods
matières	materials [material]
moins provisions pour dépréciation	less provisions for depreciation
pièces de rechange	spare parts
pièces détachées	components
production stockée	{change in} stocks of finished goods and in work in progress [process]
produits finis	finished products
produits semi-ouvrés	semi-finished products
provision pour dépréciation des stocks et en-cours	provisions for loss in value of stock [inventory] and work in progress [process]
stock au début de l'exercice	stock [inventory] at the beginning of the financial year, opening stock
stock au 01.07.99	stock [inventory] as at 01.07.99
stock marchandises	stock of goods [inventory]

travaux en cours au début de l'exercice	work in progress [process] at the beginning of the financial year
travaux sous-traités	subcontracted work
valeurs d'exploitation	trading [operational] assets

ACHATS / PURCHASES

achats d'approvisionnements	purchases of supplies
achats d'autres approvisionnements	purchases of other supplies
achats d'emballage	purchase of packaging
achats de marchandises	purchase of goods
achats de matières et marchandises (droits de douane et taxes compris)	purchase of materials [material] and goods (inclusive of customs duties and tax)
achats de matières premières	purchases of raw materials [material]
achats et charges externes	materials [material] and services
autres achats et charges externes (dont crédit-bail 2.500)	other purchases of materials [material] and services (incl. leasing 2,500)
coûts d'achats	cost of purchases
douane	customs duties
importations	imported goods
variation de stocks (approvisionnements)	stock [inventory] movements (supplies)/ change in stock [inventory] of raw materials
variation de stocks (marchandises)	stock [inventory] movements (goods)/ change in stock [inventories] of goods

FRAIS GÉNÉRAUX / GENERAL EXPENSES/OVERHEADS

abonnements	subscriptions
affranchissements, frais PTT	postage, post office charges/expenses
agios d'escompte	discount commission
aide au logement	accommodation allowances
ajustements monétaires de consolidation	consolidation adjustments
amendes non-déductibles	fines: non-deductible for tax purposes
amortissements	depreciations
annonces et insertions	advertisements

assurance crédit	loan repayment insurance
assurance incendie-vol	fire/burglary insurance
assurance marchandises transport	transport of goods insurance
assurance perte d'exploitation	trading loss insurance
assurance véhicules	vehicles insurance
autres charges (d'exploitation)	other operating charges
autres charges de gestion courante	other operating charges: management
autres charges externes	other operating charges: external
boissons	beverages
cadeaux	gifts
charges connexes	related charges/costs
charges de personnel	staff costs
charges sociales	welfare costs, National Insurance contributions, social charges {paid by employer}
chauffage	heating
chèques déjeuners	luncheon vouchers
commissions bancaires	bank commission
commissions de change	exchange commission
commissions et courtages	commission and brokerage
cotisations à la Sécurité sociale	National Insurance contributions
cotisation patronale	employer's contribution
cotisation personnel exploitant	contribution re: operating staff
cotisations professionnelles	professional contributions
cotisations sociales	National Insurance contributions
documentation générale	general documentation/information
dons	donations
eau	water rates/supply of water
électricité	electricity
emballages perdus	non-recoverable packaging
entretien/réparation matériel et outillage	maintenance/repair materials and tools
essence, carburants et lubrifiants	petrol, fuels and lubricants
foires, expositions	exhibitions, fairs

formation informatique	computer training
formation professionnelle	professional/staff training
fournitures	supplies
frais acte et contentieux	legal costs and costs in respect of deeds/contracts
frais de conseil et assemblée	board and shareholders' meeting expenses
frais de magasinage	warehousing charges
frais de personnel	staff/personnel expenses
frais (divers) de gestion	(sundry) management expenses
frais d'introduction en Bourse	cost of introduction to Stock Exchange
frais droits de douane	customs duties
frais généraux non-déductibles	non-deductible general expenses {in respect of tax}
frais: impayés	expenses in respect of unsettled accounts
frais mandats	money order expenses
frais obligations cautionnées	charges in respect of guaranteed bonds
frais sur achats	expenses in respect of purchases
frais sur encaissements de traites	draft collection charges
frais sur ventes	expenses in respect of sales
frais télex	telex costs
gaz	gas
honoraires (comptables)	fees (for book-keeping)
impôts et taxes (à l'exception de l'impôt sur les bénéfices professionnels)	tax and duty (except for duty on trade profits)
impôts et taxes	rates, taxes and similar charges
impôts fonciers	land tax
impôts, taxes et droits d'enregistrement	tax, duties [dues] & registration fees
impôts, taxes et versements assimilés	taxes, direct and indirect/taxes and duties [dues] and similar payments
intérêts bancaires	bank interest
intérêts des comptes-courants	current accounts interest
intérêts des emprunts	loan interest
jetons de présence	attendance fees
leasings matériel et outillage	leasing of materials/equipment/tools

location construction	renting building/premises
location matériel de bureau	hire of office equipment
location matériel de transports	hire of transport equipment
location matériel et outillage	hire of materials/equipment/tools
location parking	hire/rent of car park
loyers et charges locatives	rents and rental charges
médecine du travail/frais médicaux	medical care
missions, réceptions	missions, receptions
participation des salariés aux profits/fruits de l'expansion	earnout/employee profit sharing {contribution to a compulsory employee share purchase scheme}
patente	licence (to exercise a trade)
pénalités non-déductibles	non-deductible penalties
personnel extérieur	outside staff
pertes diverses	sundry losses
pertes sur les créances irrécouvrables	{losses on non-recoverable debts} bad debts
petit matériel bureau	small office equipment
petit outillage	small equipment/tools
produits divers d'entretien	various cleaning products
provision pour impôt sur les sociétés	provision for corporation tax [corporate/corporation income tax]
provision pour la participation du personnel	provision for profit-sharing scheme
publicité	publicity
redevances	duties/licences
rémunération d'intermédiaires	agents' remuneration/fees
rémunération du personnel	wages
salaires	wages
salaires dirigeants	managers' salaries
salaires et traitements/appointements	wages and salaries
salaires personnel administratif	clerical staff's salaries
salaires personnel femmes ménage	cleaners' wages

sécurité sociale et autres organismes sociaux	social security and other public agencies
services extérieurs	external services
taxes d'apprentissage	state technical training contribution tax
taxe d'entraide	mutual assistance tax
taxes diverses	sundry taxes
taxes parafiscales	exceptional tax
taxe professionnelle	trade income tax
taxe sur chiffre d'affaires	tax on turnover
taxe sur salaires	payroll tax
taxe sur véhicules des sociétés	tax on companies' vehicles
téléphone	telephone
timbres fiscaux	stamp duty
traitements	salaries
transports et déplacements	transport and travel
transports sur achats	transport relating to purchases
transports sur exportation	transport relating to export
transports sur ventes	transport relating to sales
travaux mécanographiques	data processing costs
travaux traduction	translation costs
versements assimilés	corresponding/similar payments
vêtements de travail	work clothes
vignettes	road tax
voyages/déplacements M. Dubois	travel/trips Mr Dubois

DOTATIONS	**APPROPRIATIONS**
amortissements antérieurement différés en période déficitaire	depreciations previously deferred in loss-making periods {not permissible in UK}
amortissements/dotations hors exploitation ou exceptionnelles	non-trading or extraordinary depreciations/appropriations
amortissements et provisions	depreciation and provisions
autres régularisations	other equalisations
dotation au compte de provision	appropriation to provision account

dotations aux amortissements et immobilisations exceptionnelles	appropriation to depreciations/ redemptions and extraordinary fixed assets
dotations aux amortissements (sur immobilisations)	appropriations to depreciations (on fixed assets)
dotations aux provisions pour risques et charges	appropriations to provisions for liabilities and charges
dotations aux provisions sur actif circulant	appropriations to provisions on operational assets
dotations de l'exercice aux comptes d'amortissements	appropriations for the financial year to depreciation accounts
dotation de l'exercice aux comptes de provisions pour dépréciation du portefeuille-titres (des avances aux filiales)	appropriation of the financial year to provision accounts for depreciation of the portfolio/securities (for depreciation of advances to subsidiaries)
dotations de l'exercice aux comptes de provisions	appropriations for the financial year to provision accounts
dotation d'exercice aux comptes de provisions pour pertes et charges	appropriation of the financial year to provision accounts for losses and costs/ charges
dotations sur amortissements	appropriation to depreciations
frais de dotation immobilisation	fixed assets depreciation charges
moins-values réalisées à l'occasion de la cession d'éléments de l'actif immobilisé	depreciations on transfer items from fixed assets
provisions pour dépréciations	provisions for depreciations

Produits financiers

(financial income)

autres intérêts et produits assimilés	other interest and similar proceeds
créances de l'actif immobilisé	income from long-term loans
intérêts divers	sundry interest
intérêts et produits assimilés	interest receivable and similar income

produits accessoires	sundry income
produits des autres valeurs mobilières	income from other investments
produits des valeurs mobilières de placement	income from investments
produits divers	sundry income
produits financiers	interest income
produits financiers de participation	interest income from investment in subsidiaries
produits nets sur cessions de valeurs mobilières de placement	gains on disposal of investments
rabais	discount receivable
redevances et dividendes	royalties/fees and dividends receivable
remises obtenues	remittances/reimbursements obtained
reprise de provisions pour dépréciation du portefeuille-titres	recovery [writing back] of provision for depreciation of portfolio/securities
reprise de provisions pour investissements	recovery [writing back] of provisions for investments
reprises sur provisions et transferts de charges	equalisations/adjustments/recoveries [writing back] of provisions
reprises sur transferts de charges	equalisations/adjustments/recoveries [writing back] of transfers of charges
revenue des concessions de licences	income on licence concessions
revenus du portefeuille	portfolio income
revenue du portefeuille-titres	income on portfolio securities
ristournes	refunds

Charges financières

(financial expenses)

charges nettes sur cessions de valeurs mobilières de placement	net loss on disposal/transfers of investments/short-term securities
différences négatives de change	losses on foreign exchange

dotations financières aux amortissements et provisions	financial appropriations to depreciations and provisions
escomptes accordés	discounts allowed
frais financiers	financial expenses
intérêts et charges assimilées	interest payable and similar charges
perte de change	losses on foreign exchange/ value adjustments
provision pour investissements	provision for investments

Produits exceptionnels

(extraordinary income)

produits exceptionnels sur opération de gestion	extraordinary proceeds from management operations
produits exceptionnels sur opération en capital	extraordinary proceeds from capital operations

Résultat de l'exercice - bénéfice/(perte)

(profit/(loss) for the year)

bénéfice	profit
bénéfice après impôts, mais avant amortissements et provisions	profit after taxation but before depreciation and provisions
bénéfice net	net profit
dividende brut	dividend
impôt sur les bénéfices	tax on profit
impôt sur les sociétés	corporation tax [corporate/corporation income tax]

moins: pertes exceptionnelles	less: extraordinary losses
perte	loss
perte nette (de l'exercice)	net loss (for financial year)
pertes sur exercices antérieurs	losses on previous financial years
profit	profit
quote-part nette de résultats sur opérations faites en commun	net share of results of joint ventures
résultat avant impôts	result before tax
résultat courant avant impôts	result on ordinary activities before tax
résultat exceptionnel	extraordinary result
résultat d'exploitation	trading [operating] result
résultat financier	financial result
retenue à la source	{tax} deduction at source

Annexe

(notes to the accounts)

à inscrire, le cas échéant sur des lignes distinctes	to be entered on separate lines if necessary
compte tenu d'un résultat exceptionnel avant impôts de . . .	taking into account an exceptional result of . . . before tax
dont reprises sur provisions (et amortissements)	including deductions to provisions (and depreciations)
droits de douane	{customs} duty
recalculé	restated
redevances de crédit-bail immobilier	rent on property lease
redevances de crédit-bail mobilier	{charges on} equipment leasing
stock initial/d'ouverture moins stock final/de clôture: montant de la variation en moins entre parenthèses ou précédé du signe (–)	opening stock [inventory] less closing stock [inventory]: total negative variation in stocks in parentheses or preceded by a minus sign (–)
y compris	including

L'Annexe

Notes to the Accounts

Qu'est-ce que l'annexe?

Le bilan et le compte de résultat donnent des informations arithmétiques sur l'entreprise. Ces informations représentent un enregistrement 'comptable'. Afin de donner une image plus complète et sincère de l'état général des affaires de l'entreprise, les comptes incluent une troisième section appelée 'l'annexe'.

Des informations comme les risques que l'entreprise court et les engagements qu'elle a pris ou qu'elle a donnés figurent dans l'annexe. Il s'agit d'informations complémentaires à celles qu'on trouve dans le bilan et dans le compte de résultat. La loi prescrit aux entreprises de dresser ce document pour chaque exercice.

Les principales indications contenues dans l'annexe sont:

1. L'analyse des postes du bilan et du compte de résultat qu'il est nécessaire d'éclaircir par des commentaires et des détails supplémentaires. {Par exemple, l'explication de la présentation des immobilisations incorporelles et les détails des opérations de bail.}
2. Les principes et méthodes comptables utilisés. Mention et justification d'un changement éventuel de méthode entre l'exercice précédent et l'actuel. {Par exemple, dans la présentation et dans l'évaluation.}
3. Tableau des immobilisations, avec mention des entrées et des sorties de l'exercice.
4. Tableau des amortissements, avec indication des modes de calcul utilisés.
5. État des provisions et leur explication.
6. Les dates d'échéance des créances et des dettes en fin d'exercice.
7. Montant des engagements financiers donnés ou reçus, avec indication des postes garantis par des sûretés réelles.
8. L'effet sur le résultat de la situation fiscale et l'affectation du résultat.
9. L'analyse du capital.
10. Renseignements sur la rémunération des dirigeants sociaux.

What are the notes to the accounts?

The balance sheet and the profit and loss account give arithmetic information about the business. This information amounts to an 'accounting' record. In order to give a fuller and fair view of the general state of the activities of the business, the accounts include a third section called the 'notes'.

The notes include information such as the risks in which the business is involved and the commitments which have been made to it or which it has given. It is a question of details which supplement those appearing in the balance sheet and the profit and loss account. The business is bound by law to draw up this document every accounting period.

The main points covered by the notes are as follows:

1. Explanations of, and additional information on, balance sheet and profit and loss account entries, which are necessary for a true and fair view. {For instance, the explanation of the treatment of intangible assets and details of leasing transactions.}

2. The accounting principles and policies used, as well as description and justification of any departure from the rules used in the previous accounting period. {For instance, in presentation and evaluation methods.}

3. Table of assets, showing additions and disposals during the accounting period.

4. Table showing depreciation and the methods used in its calculation.

5. Details and explanations of the provisions.

6. Maturity dates of loans as at the balance sheet date.

7. Total financial commitments given or received with an indication of items guaranteed by security {charges over assets}.

8. The effect of the application of fiscal rules on the determination of the profit or loss and the appropriation of the profit.

9. Analysis of share capital.

10. Data on directors' remuneration.

Quelques exemples
(Some examples)

1. Complément d'informations relatif au bilan et au compte de résultat

(a)   Le compte de résultat de l'exercice, présenté sous forme de liste, dégage un bénéfice de 2.653.846.041,50 francs.

L'exercice a une durée de 12 mois, recouvrant la période du 1er janvier au 31 décembre 1994.

Les notes ci-après font partie intégrante des comptes annuels.

Ces comptes ont été établis, le 13 avril 1995, par le Conseil d'Administration.

(b)   *Eléments concernant plusieurs postes du bilan*

ACTIF	Produits à recevoir	Entreprises mises en équivalence
prêts	300	12.216
....		
autres créances	19.412	56.666
....		
	Charges à payer	Entreprises mises en équivalence
PASSIF		
dettes financières	2.052	—
....		
autres dettes financières	—	17.655
....		
dettes fiscales et sociales	3.679	—
....		
autres dettes	502	7.085

Les charges à payer et les produits à recevoir concernent les charges et les produits usuels en chevauchement à la fin de l'exercice.

- *Capital Social*
  Il est constitué de 75.000 actions de 1.000 F chacune

- *Provisions*
  État des provisions: cf tableau n° 1

- *Actif immobilisé*
  État de l'actif immobilisé: cf tableau n° 2

1. Additional information on balance sheet and profit and loss account entries

(a) The profit and loss account for the financial year, presented in vertical format, shows a profit of 2,653,846,081.50 francs.

The financial year covers a period of twelve months, from 1 January to 31 December 1994.

The following notes form an integral part of the financial statements.

These accounts were drawn up by the board of directors on 13 April 1995.

(b) *Information on several balance sheet entries*

ASSETS	Proceeds to be received {sundries}	Proceeds to be received {associated undertakings}
loans{to third parties}	300	12,216
other claims	19,412	56,666
LIABILITIES	Charges payable	Charges payable
financial liabilities	2,052	—
other financial liabilities	—	17,655
tax and social security	3,679	—
other liabilities/creditors	502	7,085

Charges payable and proceeds receivable relate to the usual expenditure and income outstanding at the end of the financial year.

- *Registered Capital*
  This is made up of 75,000 shares at 1,000 Francs each

- *Provisions*
  Statement of provisions: cf Table no. 1

- *Fixed Assets*
  Statement of fixed assets: cf Table no. 2

2. Règles et méthodes comptables

(a) Les comptes annuels de l'exercice clos le 31 décembre 1993 ont été élaborés et présentés conformément aux règles comptables dans le respect du principe de prudence et de l'indépendance des exercices, et en présumant la continuité de l'exploitation.

(b) Les comptes ont été établis conformément aux principes comptables généralement admis en France ou au Royaume-Uni, selon la méthode du coût historique et dans la perspective de la continuité de l'exploitation. La validité du principe de la continuité de l'exploitation dépend, comme il en est fait mention au rapport d'activité incluant la lettre des actionnaires, des conditions de résolution des litiges avec le fournisseur, de la possibilité d'utiliser de manière continue les financements mis à disposition par les banques et de l'obtention de ressources complémentaires permettant d'assurer l'exploitation jusqu'au moment où la société générera des excédents de trésorerie. Dans l'hypothèse où ces problèmes ne seraient pas résolus de manière satisfaisante et où des ressources complémentaires ne pourraient être obtenues, Euro SA ne pouvant alors continuer ses activités, les comptes devraient faire l'objet d'ajustements qu'il n'est pas possible d'apprécier à ce jour, en particulier sur la réduction des actifs à leur valeur de réalisation et sur la prise en compte de tout passif éventuel.

2. Accounting policies and methods

(a) The annual accounts for the financial year ended on 31 December 1993 have been prepared in accordance with accounting standards, under the prudence {conservatism} principle and that of the independence of the accounting periods {i.e. not overlapping} and on a going concern basis.

(b) The accounts have been prepared in accordance with accounting standards applicable in the UK or France, under the historical cost convention and on the going concern basis. As referred to in the Interim Report, including the letter to shareholders, the validity of the going concern basis is dependent upon the terms of the resolution of the Company's disputes with its suppliers, the continued availability of the finance arranged with its bankers and the raising of additional funding to enable the trading operations to progress to a point at which the Company becomes cash generative of funding costs. Should these issues not be resolved, and further finance prove not to be available and should Euro SA thereby be unable to continue its activities, appropriate adjustments, which cannot at present be quantified, would have to be made to the accounts, in particular to reduce the value of the assets to their recoverable amount and to provide for any further liability which might arise.

3. Actif immobilisé

État de l'actif immobilisé — cf tableau n° 2

actif immobilisé: tableau n° 2

IMMOBILISATIONS CORPORELLES	Au 01.01.94	Augmentation	Diminution	Au 31.12.94
constructions	941.718	—	—	941.718
installations	2.219.886	112.868	—	2.332.754
matériel de transport	578.030	152.217	276.711	453.536
matériel de bureau	1.540.298	745.826	—	2.286.124
Total	5.279.932	1.010.911	276.711	6.014.132

IMMOBILISATIONS FINANCIÈRES				
participations	279.373.412	13.211.685	27.663.515	264.921.582
prêts et autres créances	63.295.352	74.943.843	53.852.671	84.386.524
Total	342.668.764	88.155.528	81.516.186	349.308.106

3. Fixed assets

Statement of fixed assets - cf table no. 2

fixed assets: table no. 2

TANGIBLE FIXED ASSETS	As at 01.01.94	Additions	Disposals	As at 31.12.94
buildings	941,718	—	—	941,718
fixtures & fittings	2,219,886	112,868	—	2,332,754
motor vehicles	578,030	152,217	276,711	453,536
office equipment	1,540,298	745,826	—	2,286,124
Total	5,279,932	1,010,911	276,711	6,014,132
FINANCIAL FIXED ASSETS				
holdings	279,373,412	13,211,685	27,663,515	264,921,582
loans and other claims	63,295,352	74,943,843	53,852,671	84,386,524
Total	342,668,764	88,155,528	81,516,186	349,308,106

4. État des amortissements

Cf tableau n° 3

Les immobilisations corporelles sont amorties comme suit:

constructions	40 ans	linéaire
agencements	5 ans	linéaire
matériel de bureau	10 ans/5 ans	linéaire/
mobilier de bureau		dégressif
matériel de transport	5 ans	linéaire
matériel informatique	3 ans	linéaire

amortissements: tableau n° 3

	Au 01.01.94	Augmentation	Diminution	Au 31.12.94
constructions	491.815	25.952	—	517.767
installations	207.821	450.677	—	658.498
matériel de transport	307.982	94.617	202.086	200.513
matériel et mobilier de bureau	332.718	400.035	—	732.753
Total	1.340.336	971.281	202.086	2.109.531

4. Depreciation statement

Cf table no. 3

Tangible fixed assets depreciate as follows:

buildings	over 40 years	on straight line basis
fixtures & fittings	over 5 years	on straight line basis
office equipment	over 10/5 years	on straight line basis/
office furniture		on reducing balance basis
motor vehicles	over 5 years	on straight line basis
computer equipment	over 3 years	on straight line basis

depreciations: table no. 3

	As at 01.01.94	Increase	Decrease	As at 31.12.94
buildings	491,815	25,952	—	517,767
fixtures & fittings	207,821	450,677	—	658,498
motor vehicles	307,982	94,617	202,086	00,513
office furniture & equipment	332,718	400,035	—	32,753
Total	1,340,336	971,281	202,086	2,109,531

5. Provisions

État des provisions: cf tableau n° 1.

État des provisions: tableau n° 1

	Au 01.01.94	Augmentation	Diminution	Au 31.12.94
Provision pour investissements	279.586	—	45.591	233.995
Autres provisions réglementées	265.451	—	16.061	249.390
Total	545.037	—	61.652	483.385
Provisions pour risques et charges				
provisions pour pertes de change	1.007.619	—	1.007.619	—
provisions pour charges sociales et fiscales sur congés payés	131.853	—	131.853	—
autres provisions pour risques et charges	19.779.800	1.487.204	17.049.154	4.217.850
Total	20.919.272	1.487.204	18.188.626	4.217.850

Provisions pour dépréciation des immobilisations financières				
sur titres	27.365.726	—	9.425.891	17.939.835
sur prêts et créances à long terme	54.368.373	16.262.627	3.000.000	67.631.000
sur prêts et créances à court terme	2.143.418	9.800.000	2.143.418	9.800.000
Total	83.877.517	26.062.627	14.569.309	95.370.835

5. Provisions

Statement of provisions: cf table no. 1.

Statement of provisions: table no. 1

	As at 01.01.94	Increase	Decrease	As at 31.12.94
Provision for investments	279,586	—	45,591	233,995
other statutory provisions	265,451	—	16,061	249,390
Total	545,037	—	61,652	483,385
Provisions for liabilities and charges				
provisions for loss on exchange	1,007,619	—	1,007,619	—
provisions for National Insurance and tax liabilities on paid holidays	131,853	—	131,853	—
other provisions for liabilities and charges	19,779,800	1,487,204	17,049,154	4,217,850
Total	20,919,272	1,487,204	18,188,626	4,217,850

Provisions for diminution in value of financial assets {investments}			
on securities	27,365,726	—	9,425,891	17,939,835
on long-term loans and claims	54,368,373	16,262,627	3,000,000	67,631,000
on short-term loans and claims	2,143,418	9,800,000	2,143,418	9,800,000
Total	83,877,517	26,062,627	14,569,309	95,370,835

6. Échéances des créances et des dettes du bilan au 31 décembre 1994

Créances et dettes: cf tableau n° 4

Les créances et les dettes en monnaies étrangères ont été évaluées sur la base du dernier cours de change précédant la clôture du bilan. Les différences résultant de cette évaluation sont inscrites en 'écart de conversion' ACTIF ou PASSIF.
Écart PASSIF sur dettes financières........1.461

Échéances des créances et des dettes du bilan au 31 décembre 1994: tableau n° 4

ÉTAT DES CRÉANCES:			
	Montant brut	À un an au plus	À plus d'un an
prêts	14.983	3.073	11.910
autres immobilisations financières	69.402	—	69.402
personnel et comptes rattachés	246	246	—
impôts sur les bénéfices	2.462	2.462	—

	Montant brut	À un an au plus	À plus d'un an et cinq ans au plus	À plus de cinq ans
taxe sur la valeur ajoutée	219	219	—	
autres impôts et taxes	333	333	—	
groupe et associés	75.745	56.010	19.735	
débiteurs divers	737	737	—	
charges constatées d'avance	374	374	—	
Total	164.501	63.454	101.047	

ÉTAT DES DETTES:

	Montant brut	À un an au plus	À plus d'un an et cinq ans au plus	À plus de cinq ans
emprunts et dettes auprès des établissements de crédit:				
-à 2 ans maximum à l'origine	3.936	3.936	—	—
-à plus de 2 ans à l'origine	126.661	22.122	101.038	3.500
emprunts et dettes financières divers	1.184	—	1.182	1
personnel et comptes rattachés	3.779	3.779	—	—
sécurité sociale et autres organismes sociaux	1.588	1.588	—	—
taxe sur la valeur ajoutée	2.292	2.292	—	—
autres impôts, taxes et assimilés	206	206	—	—
groupe et associés	24.740	24.740	—	—
autres dettes	6.768	6.768	—	—
Total	171.154	65.431	102.220	3.501

6. Due dates of debtors and creditors of the balance sheet as at 31 December 1994

Claims and debts: cf table no. 4

Claims and debts in foreign currency have been assessed on the basis of the last rate of exchange prior to the balance sheet being drawn up. Any differences arising from this assessment have been entered under 'exchange differences' ASSETS or LIABILITIES.

Exchange difference on financial debts......1.461

Maturity dates of receivables and debts of the balance sheet as at 31 December 1994: table no. 4

ANALYSIS OF DEBTORS:	Gross total	Due within one year	Due in more than one year
loans	14,983	3,073	11,910
other financial fixed assets	69,402	—	69,402
staff and associated accounts {e.g. loans to staff}	246	246	—
recoverable tax	2,462	2,462	—
value added tax	219	219	—
other taxes and duties recoverable	333	333	—
group and associated undertakings	75,745	56,010	19,735
sundry debtors	737	737	—
prepayments and accrued income	374	374	—
Total	164,501	63,454	101,047

ANALYSIS OF CREDITORS:

	Gross total	Due within one year	Due in between one & five years	Due after more than five years
loan and debts made with credit establishments:				
-originally due in not more than 2 years	3,936	3,936	—	—
-originally due in more than 2 years	126,661	22,122	101,038	3,500
sundry loans and financial debts	1,184	—	1,182	1
staff and associated accounts	3,779	3,779	—	—
National Insurance and other welfare charges	1,588	1,588	—	—
value added tax	2,292	2,292	—	—
other taxes and duties and similar payments	206	206	—	—
group and associated undertakings	24,740	24,740	—	—
other debts	6,768	6,768	—	—
Total	171,154	65,431	102,220	3,501

7. Engagements financiers et autres informations

(a) Diverses cautions ont été données en faveur de filiales pour un montant de FF. 17.820.000, en faveur du personnel pour un montant de FF. 750.000 et en faveur du Trésor Public pour un montant de FF. 1.521.809.

(b) Accroissement et allègement de charges fiscales futures

- *accroissement:*
  plus-values à long terme 5.647.423

- *allègement:*

provisions pour participation des salariés	204.000
congés payés	755.000
	959.000
moins-values à long terme	23.969.656

7.   Financial commitments and other details

(a) Sundry guarantees have been given in favour of subsidiaries for the amount of FF. 17,820,000, in favour of staff for the amount of FF. 750,000, and in favour of the Treasury Department for the amount of FF. 1,521,809

(b) Increase and relief in future tax liability

- *tax increase due to appreciation of assets:*
  long-term 5,647,423

- *tax relief due to:*

provision for staff profit-sharing	204,000
paid leave	755,000
	959,000
long-term depreciation of assets/loss	23,969,656

8.   Résultat et situation fiscale

Le résultat de l'exercice de FRF 189.185 a été libéré de l'impôt par utilisation des pertes fiscales reportables dont disposait la société. Au 31 décembre 1994, les pertes fiscales s'élèvent à FRF 1.410.241 et sont reportables indéfiniment.

8. Result and taxation

The result of the financial year amounting to FF. 189,185 has been offset by losses brought forward available to the company. As at 31 December 1993, the loss {for tax purposes} amounted to FF. 1,410,241 and is carried forward indefinitely.

Ventilation de l'impôt sur les bénéfices

	Avant impôt	Impôt	Après impôt
résultat courant	8.371	4.185	4.185
résultat exceptionnel	(8.407)	(4.203)	(4.203)
participation des salariés	(308)	(154)	(154)
résultat comptable	(334)	–	–

Apportionment/breakdown of tax on profits

	Before tax	Tax	After tax
ordinary profit	8,371	4,185	4,185
extraordinary profit	(8,407)	(4,203)	(4,203)
staff profit sharing	(308)	(154)	(154)
book profit	(334)	–	–

9. Composition du capital social

Le capital social au 31 décembre 1994 est de 1.900.000 milliers de francs. La valeur nominale des 19.000.000 actions est de 100 francs.

9. Share capital

As at 31 December 1994 the share capital stood at 1,900,000 thousand francs. The nominal value of the 19,000,000 shares is 100 francs each.

10. Rémunérations des dirigeants

(a) Au titre de l'exercice 1994, le montant des rémunérations allouées aux membres des organes d'administration, de surveillance et de direction s'élève à:

● organes d'administration: néant

● organes de direction: 3.900 milliers de francs

(b) Les Administrateurs ont perçu des jetons de présence pour FF. 150.000.
Les membres de la Direction générale ont perçu globalement une rémunération de FF. 4.456.945.

10. Directors' remuneration

(a) For the financial year 1994, the total sum allocated for the remuneration of administrative staff, supervision staff and members of the board of directors amounts to:

● administration: nil

● board: 3,900 thousand francs

(b) The Directors have drawn attendance fees of FF. 150,000.
The total remuneration for members of the Board amounted to FF. 4,456,945.

Exercises

A. Complete the following sentences

1. Les (. . . .) sont les dépenses concernant l'ensemble des opérations d'une maison de commerce: loyers, frais de bureaux, appointements, chauffage, éclairage etc.

2. Le total annuel des frais doit pouvoir être balancé par les (. . . .), sinon l'exercice se traduit en perte.

3. Le (. . . .) donne la situation de la maison à la clôture de l'exercice, alors que le (. . . .) donne des précisions sur ses activités d'exploitation au cours de l'exercice.

4. Le (. . . .) se divise en actif et en passif.

5. (. . . .) est constitué par les soldes débiteurs tandis que (. . . .) est constitué par les soldes créanciers.

6. La période séparant deux inventaires ou deux bilans successifs s'appelle (. . . .).

7. La situation financière de l'entreprise est indiquée par (. . . .).

8. L'ensemble des biens et des droits appartenant à une entreprise s'appelle (. . . .).

9. Dans le bilan d'une société les fonds qui proviennent des actionnaires s'appellent (. . . .).

10. (. . . .) d'une entreprise est constitué par tout ce qu'elle possède plus ce qu'on lui doit.

B. Under which specific subheading of the balance sheet would the following be found?

1. équipements de construction

2. brevets

3. TVA à payer

4. emprunts à long terme

5. provision pour créances douteuses

6. réserve pour investissements

7. titres de placement

8. bons de Trésor

9. débiteurs divers

10. travaux en cours

C. *Under which specific subheading of the profit and loss account would the following be found?*

1. travaux en cours en fin d'exercice

2. aide fiscale

3. ventes de déchets

4. achats de matières premières

5. salaires

6. téléphone

7. pertes de change

8. remises obtenues

9. provision pour dépréciations

10. travaux traduction

D. *How does the balance sheet differentiate between the following?*

1. a - capitaux
   b - immeubles

2. a - brevets
   b - installations

3. a - en-cours

    b - biens immobiliers

4. a - capital nominal

    b - emprunts à long terme

5. a - obligations à plus d'un an

    b - obligations à moins d'un an

E. Choose the right answer

1. Parmi ces éléments du bilan, lequel n'appartient pas à l'actif du bilan:

    a - le stock des matières premières

    b - le capital

    c - produits finis

    d - débiteurs

2. Parmi ces éléments du bilan, lequel n'appartient pas au passif du bilan:

    a - un emprunt bancaire

    b - réserve réglementée

    c - avances au personnel

    d - TVA à payer

3. Parmi ces éléments du compte de résultat, lequel n'appartient pas aux produits d'exploitation:

    a - achats de marchandises

    b - production stockée

    c - différences positives de change

    d - reventes en l'état

4. Parmi ces éléments du compte de résultat, lequel n'appartient pas aux charges d'exploitation:

    a - abonnements

    b - amortissements

    c - commissions bancaires

    d - frais financiers

5. L'achat à crédit de mobilier de bureau

    a - diminue le capital et augmente les dettes

    b - augmente le capital et les dettes

    c - augmente l'actif et les dettes

    d - augmente l'actif et le capital

6. Les machines acquises par une entreprise et destinées à produire d'autres biens sont
    a - les immobilisations corporelles
    b - le capital
    c - les stocks et en-cours
    d - les dettes à long terme

7. Pour un fabricant de machines à coudre une machine à coudre est
    a - une immobilisation corporelle
    b - une immobilisation incorporelle
    c - une disponibilité
    d - une valeur d'exploitation

8. Pour un fabricant de vêtements une machine à coudre est
    a - une immobilisation corporelle
    b - une immobilisation incorporelle
    c - une disponibilité
    d - une valeur d'exploitation

9. Les bénéfices
    a - augmentent les capitaux propres
    b - diminuent les provisions
    c - augmentent les provisions
    d - augmentent les immobilisations incorporelles

10. Si, dans un bilan, le montant des dettes est de 2.000, celui du stock de 3.000, celui des disponibilités de 1.500, celui des provisions de 2.500 et celui des capitaux propres de 10.000, le total du passif est de
    a - 19.000
    b - 6.500
    c - 14.500
    d - 12.000

Modèles de Comptes
Specimen accounts

Peugeot SA
(By kind permission of Peugeot SA)

Eurotunnel SA
(By kind permission of Eurotunnel SA)

Michelin SA
(By kind permission of Michelin SA)

COMPTE DE RESULTATS

(en milliers de francs)	Exercice 1992	Exercice 1991
PRODUITS D'EXPLOITATION		
Production vendue - Services	559 957	556 629
Chiffre d'affaires	**559 957**	556 629
Subventions d'exploitation reçues	1 563	1 032
Autres produits	132	638
Total	561 652	558 299
CHARGES D'EXPLOITATION		
Autres achats et charges externes	298 952	323 041
Impôts, taxes et versements assimilés	14 301	12 350
Salaires et traitements	140 374	111 400
Charges sociales	57 806	48 425
Dotations d'exploitation		
aux amortissements des immobilisations	13 302	21 726
aux amortissements des charges à répartir	363	363
Autres charges	3 418	2 584
Total	528 516	519 889
RESULTAT D'EXPLOITATION	33 136	38 410
PRODUITS FINANCIERS		
Produits financiers de participations	1 598 125	1 718 385
Produits des autres valeurs mobilières et créances de l'actif immobilisé	2 509	3 524
Autres intérêts et produits assimilés	627 827	446 066
Reprises sur provisions et transferts de charges	24 562	18 590
Différences positives de change	298	53
Total	2 253 321	2 186 618
CHARGES FINANCIERES		
Dotations financières aux amortissements et provisions	162 739	5 317
Intérêts et charges assimilées	82 398	129 598
Différences négatives de change	1 214	9 405
Total	246 351	144 320
RESULTAT COURANT AVANT IMPOTS	2 040 106	2 080 708
PRODUITS EXCEPTIONNELS		
Produits exceptionnels sur opérations de gestion	284	10 807
Produits exceptionnels sur opérations en capital	396 647	66 895
Reprises sur provisions et transferts de charges	139 736	5 027
Total	536 667	82 729
CHARGES EXCEPTIONNELLES		
Charges exceptionnelles sur opérations de gestion	180	558
Charges exceptionnelles sur opérations en capital	293 373	75 562
Dotations exceptionnelles aux amortissements et provisions	83 709	272 612
Total	377 262	348 732
Participation des salariés	2 998	4 446
IMPOTS SUR LES BENEFICES	(299 727)	(188 163)
RESULTAT NET DE L'EXERCICE	1 896 786	1 622 096

SOCIETE PEUGEOT S.A.   COMPTES SOCIAUX

BILAN AU 31 DECEMBRE 1992

(en milliers de francs)

ACTIF	1992			1991
	Montants bruts	Amortissements et provisions	Montants nets	Montants nets
ACTIF IMMOBILISE				
Immobilisations incorporelles				
Frais d'établissement	84 032	84 032	—	8 403
	84 032	84 032	—	8 403
Immobilisations corporelles				
Terrains	53 052	—	53 052	53 052
Constructions	178 274	154 520	23 754	28 497
Autres immobilisations corporelles	1 834	1 556	278	302
	233 160	156 076	77 084	81 851
Immobilisations financières				
Participations	13 411 316	363 478	13 047 838	12 804 502
Créances rattachées à des participations	513 806	—	513 806	1 061 182
Autres titres immobilisés	268	—	268	268
Prêts	347	—	347	354
Autres immobilisations financières	45 140	—	45 140	47 912
	13 970 877	363 478	13 607 399	13 914 218
Total	14 288 069	603 586	13 684 483	14 004 472
ACTIF CIRCULANT				
Avances et acomptes versés sur commandes	256	—	256	—
Créances clients et comptes rattachés	338	—	338	1 918
Autres créances	1 140 821	67	1 140 754	1 490 832
Valeurs mobilières de placement (actions propres)	54 226	—	54 226	257 916
Placements de trésorerie	7 037 507	—	7 037 507	5 502 914
Banques, caisses et comptes rattachés	2 685	—	2 685	9 199
Total	8 235 833	67	8 235 766	7 262 779
Charges constatées d'avance	1 084	—	1 084	1 457
Total	8 236 917	67	8 236 850	7 264 236
Charges à répartir sur plusieurs exercices	—	—	—	363
Ecarts de conversion actif	—	—	—	611
Total de l'actif	22 524 986	603 653	21 921 333	21 269 682

SOCIETE PEUGEOT S.A.   COMPTES SOCIAUX

(en milliers de francs)

PASSIF	1992		1991
	Avant répartition	Après répartition	Après répartition
CAPITAUX PROPRES			
Capital social	1 749 742	1 749 742	1 748 740
Primes d'émission, de fusion et d'apport	5 338 624	5 338 624	5 327 927
Ecarts de réévaluation	3 181 968	3 181 968	3 182 474
Réserve légale	174 874	174 974	174 874
Réserves réglementées	3 303 616	3 566 232	3 303 615
Autres réserves	2 161 855	3 061 855	2 161 855
Report à nouveau	558 894	793 038	557 237
Résultat de l'exercice	1 896 786	—	—
Provisions réglementées	15 768	15 768	40 207
Total	**18 382 127**	**17 882 101**	16 496 929
Titres subordonnés	549 978	549 978	603 217
Total	**549 978**	**549 978**	603 217
Provisions pour risques	885 000	885 000	852 111
Provisions pour charges	6 043	6 043	5 494
Total	**891 043**	**891 043**	857 605
DETTES			
Emprunts et dettes assimilées			
Autres emprunts obligataires	114	114	115
Emprunts et dettes auprès des établissements de crédit	57 605	57 605	77 916
Emprunts et dettes financières divers	20 245	20 245	14 310
Dettes d'exploitation			
Dettes fournisseurs et comptes rattachés	28 669	28 669	43 911
Dettes fiscales et sociales	56 517	56 517	49 411
Dettes diverses			
Dettes sur immobilisations et comptes rattachés	1	1	81 060
Autres dettes	1 934 881	2 434 807	3 045 208
Total	**2 098 032**	**2 597 958**	3 311 931
Ecarts de conversion passif	153	153	
Total du passif	**21 921 333**	**21 921 333**	21 269 682

ANNEXE

Les informations ci-après constituent l'Annexe au Bilan avant répartition de l'exercice clos le 31 décembre 1992, dont le total est de 21 921 333 milliers de francs et au Compte de Résultats de l'exercice, présenté sous forme de liste, dégageant un bénéfice de 1 896 786 milliers de francs.

L'exercice a une durée de douze mois, recouvrant la période du 1er janvier au 31 décembre 1992.

Les notes et les tableaux n° 1 à 20, ci-après, font partie intégrante des comptes annuels.

Ces comptes ont été arrêtés le 8 mars 1993 par le Directoire.

1) REGLES ET METHODES COMPTABLES

Les conventions générales comptables ont été appliquées, dans le respect du principe de prudence, conformément aux hypothèses de base qui ont pour objet de fournir une image fidèle de l'entreprise:

- continuité de l'exploitation,
- permanence des méthodes comptables d'un exercice à l'autre,
- indépendance des exercices,

et conformément aux règles générales d'établissement et de présentation des comptes annuels.

La méthode de base retenue pour l'évaluation des éléments inscrits en comptabilité est la méthode des coûts historiques.

Les principales méthodes utilisées sont les suivantes:

a) Immobilisations corporelles

Les immobilisations corporelles sont évaluées à leur coût d'acquisition (prix d'achat et frais accessoires, hors frais d'acquisition des immobilisations), à l'exception des immobilisations acquises avant le 31 décembre 1976 qui ont fait l'objet d'une réévaluation légale.

Les amortissements pour dépréciation sont calculés suivant le mode linéaire en fonction de la durée de vie économique des immobilisations. Ces amortissements pour dépréciation sont comptabilisés au bilan, en minoration de l'actif, et au compte de résultat en dotation d'exploitation aux amortissements. A partir du 1er janvier 1987, des amortissements dégressifs sont calculés sur les biens ouvrant droit à cette mesure fiscale. Au bilan, l'écart entre amortissements linéaires et amortissements dégressifs est classé dans les capitaux propres en provisions réglementées, et au compte de résultat en charges exceptionnelles.

Les principales durées de vie retenues sont:

Constructions	30 ans
Agencements et aménagements des constructions	10 ans
Mobilier de bureau	10 ans
Matériel informatique	3 à 4 ans

b) Participations et autres titres immobilisés

La valeur brute est constituée par le coût d'achat hors frais accessoires à l'exception des titres de participation acquis avant le 31 décembre 1976 qui ont fait l'objet de la réévaluation légale. Lorsque la valeur d'inventaire est inférieure à la valeur brute, une provision pour dépréciation est constituée du montant de la différence. La valeur d'inventaire des participations et des autres titres immobilisés est fondée sur leur valeur d'utilité. Les éventuelles dépréciations sont généralement calculées en fonction de la quote-part d'actif net des sociétés concernées.

c) Prêts et créances

Les prêts et créances sont valorisés à leur valeur nominale. Une provision pour dépréciation est pratiquée lorsque la valeur d'inventaire est inférieure à la valeur comptable.

d) Provisions réglementées

Les provisions réglementées figurant au bilan comprennent l'écart de réévaluation légale 1976 des immobilisations amortissables, les plus-values réinvesties sur titres de participation (ancien article 40 du Code Général des Impôts), les amortissements dérogatoires sur immobilisations corporelles, les provisions pour investissement liées au régime dérogatoire de participation des salariés.

e) Opérations en devises

Les charges et produits en devises sont enregistrés pour leur contrevaleur à la date de l'opération. Les dettes, créances, disponibilités en devises figurent au bilan pour leur contrevaleur au cours de fin d'exercice.

La différence résultant de l'évaluation des dettes et créances en devises à ce dernier cours est portée au bilan en «écart de conversion».

Les pertes latentes de change non compensées font l'objet d'une provision pour risques. Lorsque, pour des opérations dont les termes sont suffisamment voisins, les pertes et les gains latents peuvent être considérés comme concourant à une position globale de change, le montant de la dotation est limité à l'excédent des pertes sur les gains.

f) Impôts sur les résultats

A compter du 1er janvier 1990, Peugeot S.A. a opté pour le régime d'intégration fiscale des filiales françaises contrôlées à plus de 95 %, prévu à l'article 223 A du Code Général des Impôts.

Pour la société Peugeot S.A., l'effet d'impôt au titre de l'exercice, inscrit au compte de résultat, est composé:

- du produit global, égal à la somme des impôts versés par les filiales bénéficiaires,

- de la charge nette d'impôt résultant de la déclaration d'intégration fiscale,

- de la charge d'impôt correspondant aux éventuels reversements d'économie d'impôt faits aux filiales déficitaires,

- des mouvements de la provision pour économie d'impôt à reverser (note n°12),

- et des régularisations éventuelles sur la charge d'impôt d'exercices antérieurs.

g) Placements de trésorerie

Les placements de trésorerie représentent exclusivement les excédents de liquidités confiés au GIE PSA Trésorerie.

h) Changements de méthode d'évaluation

Aucun changement de méthode d'évaluation n'est intervenu au cours de l'exercice.

2) IMMOBILISATIONS: VALEURS BRUTES AU 31 DECEMBRE 1992

(en milliers de francs)	Valeurs brutes au début de l'exercice	Virements de poste à poste	Augmentation par		Diminution par		Valeurs brutes en fin d'exercice	Valeurs d'origine hors réévaluation*
			Acquisitions et nouveaux prêts	Autres variations nettes	Cessions et remboursement de prêts	Autres variations nettes		
Immobilisations incorporelles								
Frais d'établissement	84 032	–	–	–	–	–	84 032	–
Sous-total	84 032	–	–	–	–	–	84 032	–
Immobilisations corporelles								
Terrains	53 052	–	–	–	–	–	53 052	35 777
Constructions								
- sur sol propre	137 899	–	–	–	–	–	137 899	71 267
- sur sol d'autrui	2 205	–	–	–	–	–	2 205	–
- installations générales et agencements	38 170	–	–	–	–	–	38 170	32 887
Autres immobilisations corporelles								
- installations générales	1 462	–	–	–	–	–	1 462	–
- matériel de transport	240	–	–	–	–	–	240	–
- matériel de bureau et informatique	–	–	19	–	–	–	19	–
- autres immobilisations corporelles	–	–	113	–	–	–	113	–
- immobilisations corporelles en cours	–	–	–	–	–	–	–	–
- avances et acomptes	–	–	–	–	–	–	–	–
Sous-total	233 028	–	132	–	–	–	233 160	139 931
Immobilisations financières								
Participations	13 024 686	79 200	606 863	–	299 433	–	13 411 316	10 223 086
Créances rattachées à des participations	1 065 182	(79 200)	3	–	467 482	4 697	513 806	–
Autres titres immobilisés	268	–	–	–	–	–	268	268
Prêts	354	–	95	15	117	–	347	–
Autres immobilisations financières	47 912	–	196	2 474	5 442	–	45 140	–
Sous-total	14 138 402	–	607 157	2 489	772 474	4 697	13 970 877	10 223 354
Total général	14 455 462	–	607 289	2 489	772 474	4 697	14 288 069	10 363 285

* Pour les postes concernés par la réévaluation seulement.

3) AMORTISSEMENTS AU 31 DECEMBRE 1992

(en milliers de francs)	Amortissement au début de l'exercice	Dotations de l'exercice	Amortissement afférent aux cessions mises hors service	Amortissement en fin d'exercice
Amortissements des immobilisations incorporelles				
Frais d'établissement	75 629	8 403	—	84 032
Sous-total	75 629	8 403	—	84 032
Amortissements des immobilisations corporelles				
Constructions				
- sur sol propre	110 674	4 623	—	115 297
- sur sol d'autrui	1 038	111	—	1 149
- installations générales et agencements	38 065	9	—	38 074
Autres immobilisations corporelles				
- installations générales	1 370	82	—	1 452
- matériel de transport	30	60	—	90
- matériel de bureau et informatique	—	5	—	5
- autres immobilisations corporelles	—	9	—	9
Sous-total	151 177	4 899	—	156 076
Charges à répartir sur plusieurs exercices	1 451	363	—	1 814
Total général	228 257	13 665	—	241 922

4) PROVISIONS INSCRITES AU BILAN A LA DATE DU 31 DECEMBRE 1992

(en milliers de francs)	Montants au début de l'exercice	Dotations de l'exercice*	Reprises de l'exercice*	Autres mouvements (hors résultats)	Montants en fin d'exercice
Provisions réglementées					
Amortissements dérogatoires					
- matériel informatique	—	2	—	—	2
Provisions réglementées					
- provisions spéciales de réévaluation	12 427	—	(2 236)	—	10 191
- plus-values réinvesties	4 417	—	—	—	4 417
- provisions pour résultat fiscal sur TSDI	23 363	—	—	(23 363)	—
- provisions pour investissement (participation)	—	1 158	—	—	1 158
Sous-total	40 207	1 160	(2 236)	(23 363)	15 768
Provisions pour risques et charges					
Provisions pour pertes de change	611	—	(611)	—	—
Provisions pour impôts	335 494	29 549	—	—	365 043
Provisions pour risque fiscal	200 000	60 000	—	—	260 000
Autres provisions pour risques et charges	321 500	82 000	(137 500)	—	266 000
Sous-total	857 605	171 549	(138 111)	·	891 043
Provisions pour dépréciation					
Sur immobilisations financières					
- participations	220 184	162 739	(19 951)	506	363 478
- créances rattachées à des participations	4 000	—	(4 000)	—	—
Sur actif circulant					
- autres créances	67	—	—	—	67
Sous-total	224 251	162 739	(23 951)	506	363 545
Total général	1 122 063	335 448	(164 298)	(22 857)	1 270 356

* Dont dotations et reprises :
- d'exploitation	—	—			
- financières	162 739	24 562			
- exceptionnelles	83 709	139 736			
- d'impôts sur les résultats	89 000	—			

SOCIETE PEUGEOT S.A.   COMPTES SOCIAUX

5) ECHEANCES DES CREANCES ET DES DETTES DU BILAN AU 31 DECEMBRE 1992

(en milliers de francs)

CREANCES	Montants bruts	A moins d'un an	A plus d'un an
Créances de l'actif immobilisé			
Créances rattachées à des participations	513 806	238 806	275 000
Prêts	347	277	70
Autres immobilisations financières	45 140	—	45 140
Sous-total	**559 293**	**239 083**	**320 210**
Créances de l'actif circulant			
Avances et acomptes versés sur commandes	256	256	—
Créances clients et comptes rattachés	338	338	—
Personnel et comptes rattachés	939	939	—
Etat et collectivités publiques			
- impôt société	1 077 007	43	1 076 964
- taxe sur la valeur ajoutée	3 676	3 676	—
- groupe et associés	37 681	37 681	—
- débiteurs divers	21 518	21 518	—
- placements de trésorerie	7 037 507	7 037 507	—
Sous-total	**8 178 922**	**7 101 958**	**1 076 964**
Charges constatées d'avances	1 084	1 084	—
Total général	**8 739 299**	**7 342 125**	**1 397 174**

DETTES	Montants bruts	A moins d'un an	De un à cinq ans	A plus de cinq ans
Emprunts et dettes assimilées				
Emprunts obligataires convertibles	—	—	—	—
Autres emprunts obligataires	114	114	—	—
Emprunts et dettes auprès des établissements de crédit	57 605	32 605	25 000	—
Emprunts et dettes financières divers	20 245	12 519	7 726	—
Sous-total	**77 964**	**45 238**	**32 726**	—
Dettes d'exploitation				
Dettes fournisseurs et comptes rattachés	28 669	28 669	—	—
Personnel et comptes rattachés	20 693	20 693	—	—
Sécurité sociale et autres organismes sociaux	23 461	23 461	—	—
Etat et collectivités publiques				
- impôt société: régime intégration fiscale	—	—	—	—
- taxe sur la valeur ajoutée	9 933	9 933	—	—
- Autres impôts, taxes et versements assimilés	2 430	2 430	—	—
Sous-total	**85 186**	**85 186**	—	—
Dettes diverses hors exploitation				
Dettes sur immobilisations et comptes rattachés	1	1	—	—
Groupe et associés	1 923 676	1 231 676	692 000	—
Créditeurs divers	11 205	11 205	—	—
Sous-total	**1 934 882**	**1 242 882**	**692 000**	—
Produits constatés d'avance	—	—	—	—
Total général	**2 098 032**	**1 373 306**	**724 726**	—

6) ELEMENTS RELEVANT DE PLUSIEURS POSTES DU BILAN AU 31 DECEMBRE 1992

(en milliers de francs)	Montant concernant des entreprises	
	Liées*	Avec lesquelles la société a un lien de participation
Actif		
Participations		
Créances rattachées à des participations	12 530 636	517 202
Créances clients et comptes rattachés	513 675	—
Autres créances	41	—
Valeurs mobilières de placement	36 687	994
Placements de trésorerie		—
Banques, caisses et comptes rattachés	7 037 507	—
Passif		
Emprunts et dettes auprès des établissements de crédit		
Emprunts et dettes financières divers	5 436	—
Dettes fournisseurs et comptes rattachés	—	—
Dettes sur immobilisations et comptes rattachés	6 207	1 066
Autres dettes	1 928 691	1 385

* Entreprises qui entrent dans le périmètre de consolidation du groupe PSA Peugeot Citroën, y compris les sociétés mises en équivalence.

7) INCIDENCE DES REEVALUATIONS SUR LE BILAN AU 31 DECEMBRE 1992

(en milliers de francs)	Détermination des écarts		Utilisation de la marge supplémentaire d'amortissements			
			Au cours de l'exercice			Montant de la provision en fin d'exercice
	Augmentation des montants bruts	Augmentation des amortissements	Supplément d'amortissements	Eléments cédés	Montant cumulé en fin d'exercice	
Variation de la provision spéciale de réévaluation						
Constructions	66 632	20 797	2 235	—	35 661	10 174
Installations techniques, matériel et outillage	—	—	—	—	—	—
Autres immobilisations corporelles	5 283	2 556	1	—	2 710	17
Total	71 915	23 353	2 236		38 371	10 191

(en milliers de francs)	Montant au début de l'exercice	Diminutions dues aux cessions	Autres variations	Montant en fin d'exercice	Pour mémoire Ecart incorporé au capital
Variation de la réserve de réévaluation					
Terrains	17 276	—	—	17 276	—
Participations	3 165 198	—	—	3 164 692	—
Autres titres immobilisés	—	—	(506)	—	—
Total	3 182 474	—	(506)	3 181 968	—

8) FRAIS D'ETABLISSEMENT

Les frais d'établissement se composent de :

(en milliers de francs)	31.12.1992	31.12.1991
Frais d'augmentation de capital	84 032	84 032
Moins : amortissements	(84 032)	(75 629)
Valeur nette	0	8 403

L'amortissement des frais d'établissement est pratiqué selon la méthode linéaire sur une période de 5 ans.

Les frais d'augmentation de capital sont ainsi parvenus cette année au terme de leur processus d'amortissement.

9) PRODUITS A RECEVOIR ET CHARGES A PAYER

Montants des produits à recevoir et charges à payer inclus dans les postes suivants du bilan :

(en milliers de francs)	31.12.1992	31.12.1991
Produits à recevoir		
Intérêts courus non échus par :		
- Créances rattachées à des participations	8 997	13 694
- Prêts et autres immobilisations financières	4 964	2 474
Autres produits à recevoir :		
- Autres créances	14 030	628
- Placements de trésorerie	58 507	45 113
	86 498	61 909
Charges à payer		
Intérêts courus non échus des :		
- Emprunts et dettes auprès des établissements de crédit	1 640	2 332
- Emprunts et dettes financières divers	12 904	10 284
Autres charges à payer :		
- Fournisseurs	7 952	8 809
- Dettes fiscales et sociales	28 519	22 952
- Autres dettes	2 127	1 949
	53 142	46 326

10) CHARGES A REPARTIR SUR PLUSIEURS EXERCICES

Au 31 décembre 1992, les charges à répartir sur plusieurs exercices se présentent comme ci-après :

(en milliers de francs)	31.12.1992	31.12.1991
Frais d'émission du crédit MOFF	1 814	1 814
Moins : amortissements	(1 814)	(1 451)
Valeur nette	0	363

Les frais d'émission du crédit MOFF, répartis par fractions égales sur une période de 5 ans, sont parvenus cette année au terme de leur processus de répartition.

11) COMPOSITION DU CAPITAL SOCIAL

	1992	1991
Nombre d'actions composant le capital social au début de l'exercice	49 964 006	49 939 801
Levées d'options (plan 1987)	16 720	19 760
Levées d'options (plan 1988)	6 514	1 725
Levées d'options (plan 1990)	3 580	2 720
Levées d'options (plan 1991)	1 800	—
Nombre d'actions composant le capital social à la fin de l'exercice	49 992 620	49 964 006

Au 31 décembre 1992, toutes les actions sont d'une valeur nominale de 35 francs.

12) PROVISIONS POUR RISQUES

Une provision pour impôt à reverser figure au bilan arrêté au 31 décembre 1992, pour un montant de 359 000 milliers de francs. Cette provision a pour origine les économies d'impôt provenant de l'utilisation par la société Peugeot S.A. des déficits fiscaux de ses filiales intégrées. Cette provision sera reprise dans les années à venir, au fur et à mesure que les filiales intégrées, à l'origine des déficits utilisés au niveau du groupe, redeviendront bénéficiaires.

13) TITRES SUBORDONNES

Dans le cadre de l'extinction par délégation parfaite de dettes envers le Crédit National s'élevant à 1 727 000 milliers de francs le 27 février 1989, la société Peugeot S.A. a émis des titres subordonnés à durée indéterminée du même montant. Ces titres produisent un intérêt à taux fixe de 8,501 % jusqu'au 6 décembre 1992 et un intérêt à taux variable basé sur le PIBOR plus 0,001 % entre le 7 décembre 1992 et le 26 février 1997.

La technique financière mise en œuvre a entraîné un reversement initial effectif de 886 046 milliers de francs, qui a été déduit de la valeur nominale des titres dans le bilan. La valeur portée au bilan est en outre amortie chaque année de la fraction non déductible des intérêts servis, inhérente au reversement initial. Ces amortissements cumulés de 1989 à 1992 se sont élevés à 290 976 milliers de francs. Les titres figurent ainsi pour une valeur de 549 978 milliers de francs au bilan au 31 décembre 1992.

Par ailleurs, afin de se garantir contre l'évolution ultérieure des taux, ces titres subordonnés font l'objet d'opérations d'échange de conditions d'intérêts et Future Rate Agreement pour un montant total au 31 décembre 1992 de 2 183 000 milliers de francs.

14) CHIFFRE D'AFFAIRES

Le chiffre d'affaires de l'exercice se répartit comme suit:

a) Par secteurs d'activité

(en milliers de francs)	1992	1991
Prestations de services	**432 233**	428 785
Loyers immobiliers	**127 724**	127 844
	559 957	556 629

Les prestations de services s'entendent d'une participation aux frais d'études, de gestion et de fonctionnement du groupe facturée par la société-mère à ses filiales.

b) Par marchés géographiques

La totalité du chiffre d'affaires est réalisée en France.

15) IMPOTS SUR LES SOCIETES

Le régime fiscal de groupe (note 1 (f)) aboutit à l'effet suivant sur le poste d'impôts sur les bénéfices:

(en milliers de francs)	1992	1991
a) Impôts versés à Peugeot S.A. par les filiales intégrées bénéficiaires	**896 182**	1 358 304
b) Reversements économie d'impôt aux filiales intégrées déficitaires	**(1 820 000)**	(1 544 420)
c) Effet d'impôt groupe estimé de l'exercice	**742 598**	365 562
d) Régularisation sur charge d'impôt d'exercices antérieurs	**(29 507)**	(343 362)
e) Variation de la provision pour économie d'impôt à reverser	**(29 000)**	(150 000)
f) Variation de la provision pour risque fiscal	**(60 000)**	125 753
Effet net d'impôt	**(299 727)**	(188 163)

16) CREDIT-BAIL

Les informations ne concernent qu'un contrat de crédit-bail immobilier portant sur les constructions sises à Neuilly-sur-Seine, siège social de la société Automobiles Citroën:

(en milliers de francs)	31.12.1992	31.12.1991
Valeur d'origine	**510 000**	510 000
Redevances payées (hors taxes)		
- cumuls exercices antérieurs	**504 610**	452 020
- au cours de l'exercice	**53 313**	52 590
	557 923	504 610
Redevances restant à payer		
- à un an au plus	**53 421**	53 240
- de un à cinq ans	**213 684**	212 960
- à plus de cinq ans	**213 684**	266 200
	480 789	532 400

La valeur résiduelle d'acquisition s'établit comme suit en milliers de francs:

- au 31 décembre 1993	:	284 319
- au 31 décembre 1998	:	124 239
- à l'échéance du contrat le 31 décembre 2001 :		1

Si les immobilisations avaient été acquises par l'entreprise, la dotation aux amortissements de l'exercice aurait été de 15 305 milliers de francs et le cumul des dotations depuis le début du contrat de 168 350 milliers de francs.

SOCIETE PEUGEOT S.A.   COMPTES SOCIAUX

17) ENGAGEMENTS FINANCIERS

(en milliers de francs)	31.12.1992	31.12.1991
Avals et cautions accordés en faveur de nos filiales	2 771 165	609 604
Autres engagements donnés		
- crédit-bail immobilier	480 788	532 403
- engagements sur emprunts obligataires transférés à d'autres sociétés du groupe	376	377
Engagements donnés	**3 252 329**	1 142 384
Opérations de couverture de change		
- des prêts financiers	26 619	29 099
- des autres dettes	99	101
Opérations de gestion de risque de taux liées aux TSDI		
- échanges de conditions d'intérêts	1 880 000	1 880 000
- autres contrats à terme	303 000	—
Engagements réciproques	**2 209 718**	1 909 200
Ces engagements concernent les filiales et autres entreprises liées pour		
- engagements donnés	2 771 541	609 981
- engagements réciproques	26 718	29 200

La société Peugeot S.A. garantit, par l'intermédiaire de l'Institution de retraite PSA Peugeot Citroën, un niveau minimum de retraite au personnel cadre et assimilé. Le coût de ces retraites complémentaires, d'importance non significative, est pris en charge au moment de leur paiement et n'est pas provisionné. Pour l'exercice 1992, les versements effectués à l'Institution de retraite PSA Peugeot Citroën, qui gère ce régime de retraite complémentaire, se sont élévés à 2 210 milliers de francs (1 752 milliers de francs en 1991).

18) SITUATION FISCALE LATENTE

Les décalages dans le temps entre le régime fiscal et le traitement comptable des produits et charges se traduit par un actif d'impôt différé de 40 797 milliers de francs au 31 décembre 1992.

19) REMUNERATION DES DIRIGEANTS

(en milliers de francs)	1992	1991
Montant des rémunérations allouées		
- aux organes de Direction	8 513	7 403
- aux membres du Conseil de Surveillance	2 210	1 540
	10 723	8 943

20) EFFECTIF MOYEN

L'effectif moyen mis à la disposition de l'entreprise est de:

	Personnel		Personnel détaché	
	1992	1991	1992	1991
Cadres	297	243	74	75
Cadres A	12	13	—	4
ETAM	88	83	49	52
	397	339	123	131

Eurotunnel S.A.
Bilan au 31 décembre 1992
Balance Sheet at 31 December 1992

	Références à l'annexe Notes	Brut Gross	Amortissements Depreciation	31 décembre 1992 FRF Net Net	31 décembre 1991 FRF Net Net
Actif					
Assets					
Immobilisations financières					
Financial assets					
Participations	3	7.960.675.430	–	**7.960.675.430**	7.960.675.430
Shares in subsidiaries					
Créances rattachées					
à des participations	4	79.047.649	–	**79.047.649**	1.243.967
Long-term debts					
from subsidiaries					
Actif immobilisé		8.039.723.079	–	**8.039.723.079**	7.961.919.397
Total fixed assets					
Avances et acomptes		–	–	**–**	27.000
Accounts repayable					
on demand					
Créances (a)					
Debtors (a)					
Créances clients et	5	6.885.123	–	**6.885.123**	2.573.772
comptes rattachés					
Trade					
Créances sur l'Etat et autres		3.157.176	–	**3.157.176**	3.614.621
collectivités publiques					
State and other public utilities					
Groupe et associés	6	10.634.248	–	**10.634.248**	72.442.635
Group and associated companies					
Autres créances		1.220	–	**1.220**	1.220
Other debtors					
Valeurs mobilières de placement	7	5.201.302	–	**5.201.302**	550.097
Investments					
Disponibilités		151.378	–	**151.378**	10.897.341
Liquid funds					
Autres actifs		26.030.447	–	**26.030.447**	90.106.686
Total current assets					
Total de l'actif		8.065.753.526	–	**8.065.753.526**	8.052.026.083
Total assets					

(a) Part à plus d'un an :FRF 69.214.284 au 31 décembre 1991 et néant au 31 décembre 1992.
(a) Debtors due after more than one year: FRF 69.214.284 at 31 December 1991 and FRF 59.642.856 au 31 December 1992.

L'annexe fait partie intégrante des comptes annuels.
The Notes form part of these accounts.

Eurotunnel S.A.
Bilan au 31 décembre 1992
Balance Sheet at 31 December 1992

	Références à l'annexe Notes	31 décembre 1992 FRF	31 décembre 1991 FRF
Passif			
Liabilities			
Capital social Issued share capital	8	**5.339.795.450**	5.329.357.730
Primes d'émission Share premium account	8	**2.656.697.538**	2.648.775.211
Report à nouveau Profit and loss account brought forward	9	**(381.314)**	(421.757)
Résultat de l'exercice Profit and loss account for the year		**(58.955)**	40.443
Capitaux propres **Total share capital and reserves**		**7.996.052.719**	7.977.751.627
Emprunts obligataires Loan notes	10	**59.642.856**	69.214.284
Groupe et associés Group and associated companies	6	**2.392.592**	–
Fournisseurs et comptes rattachés Trade creditors and accruals		**6.308.458**	3.335.950
Dettes fiscales et sociales Tax and social security		**1.176.901**	1.559.222
Autres dettes Other creditors		**180.000**	165.000
Dettes (a) **Total creditors (a)**		**10.057.951**	5.060.172
Total du passif **Total liabilities**		**8.065.753.526**	8.052.026.083

(a) Part à plus d'un an : néant aux 31 décembre 1991 et 1992.
(a) Creditors due after more than one year: nil at 31 December 1991 and 1992.

L'annexe fait partie intégrante des comptes annuels.
The Notes form part of these accounts.

Eurotunnel S.A.
Compte de Résultat de l'exercice 1992
Profit and Loss Account for the year ended 31 December 1992

	Références à l'annexe Notes	Exercice 1992 FRF	Exercice 1991 FRF
Produits d'exploitation **Operating income**			
Production vendue de services Sales of services	*11*	**28.826.104**	*34.661.676*
Transfert de charges Costs recharged		–	*6.000*
		28.826.104	*34.667.676*
Charges d'exploitation **Operating expenditure**			
Autres achats et charges externes Materials and services	*12*	**27.453.433**	*33.933.011*
Impôts et taxes Rates, taxes and similar charges		**1.116**	*60.692*
Autres charges Other operating charges		**816.471**	*665.634*
		28.271.020	*34.659.337*
Résultat d'exploitation – bénéfice/(perte) **Profit/(loss) on operations**		**555.084**	*8.339*
Produits financiers **Financial income**			
Intérêts et produits assimilés Interest receivable		**7.340.595**	*3.748.933*
Produits nets sur cessions de valeur mobilières de placement Gain on disposal of investments		**75.783**	–
		7.416.378	*3.748.933*
Charges financières **Financial charges**			
Intérêts et charges assimilées Interest payable		**7.359.196**	*3.621.304*
Pertes de change Exchange losses		**671.221**	*95.525*
		8.030.417	*3.716.829*
Résultat financier – (perte)/bénéfice **(Loss)/profit on financial operations**		**(614.039)**	*32.104*
Résultat de l'exercice – (perte)/bénéfice **(Loss)/profit for the year**		**(58.955)**	*40.443*

L'annexe fait partie intégrante des comptes annuels.
The Notes form part of these accounts.

Eurotunnel S.A.
Annexe

1 Activités et événements importants

La société Eurotunnel S.A. (ESA) a été constituée en France le 30 octobre 1985 avec pour objet principal de prendre des participations dans des sociétés ayant directement ou indirectement pour objet la construction et l'exploitation de la Liaison Fixe Transmanche ('Le Projet'). Elle détient, à ce titre, la quasi totalité du capital de France Manche S.A. (FM), l'une des deux sociétés concessionnaires de la Liaison Fixe. Elle a en outre conclu, en 1986, avec FM, Eurotunnel P.L.C. (EPLC), et The Channel Tunnel Group Limited (CTG), d'une part, un Contrat de Société en Participation qui prévoit la constitution d'Eurotunnel, société en participation entre FM et CTG, et d'autre part un Contrat de Structure de Sociétés qui prévoit notamment le "jumelage" des actions d'ESA et d'EPLC sous forme d'"unités". Dans le cadre de ces accords, il est prévu de partager entre les sociétés françaises et britanniques les coûts et les produits des opérations liées à la conception, au financement, à la construction et à l'exploitation du Projet.

ESA, société holding du groupe Eurotunnel en France, assure pour le compte des concessionnaires les relations avec les actionnaires. Dans ce cadre ESA inscrit au compte de résultat les prestations de personnel relatives à ses activités, qui lui ont été facturées par les sociétés du groupe : Eurotunnel Services G.I.E. (ESGIE) et Eurotunnel Services Limited (ESL). ESA facture à FM sa prestation de relations actionnaires.

En octobre 1992, à la suite du glissement de la date probable d'ouverture et d'une croissance prévisionnelle moins rapide de l'activité, Eurotunnel a fait état d'une possible augmentation des besoins de crédit du Groupe. A cette date, les dernières projections réalisées par les banques montraient qu'Eurotunnel ne respecterait plus les conditions préalables du contrat de prêt. Le syndicat bancaire acceptait toutefois la poursuite des tirages sur les prêts jusqu'à fin novembre 1992 pour laisser à Eurotunnel le temps de développer des propositions pour couvrir le besoin de financement qui s'avèrerait nécessaire après l'ouverture. Les propositions d'Eurotunnel étaient soumises au syndicat bancaire et permettaient le renouvellement d'une dérogation susceptible de courir jusqu'au 31 mai 1994. Selon les termes de cette dérogation, les banques doivent donner leur accord formel à des propositions de financement plus détaillées avant la fin 1993.

A la fin de 1992, l'endettement total du Groupe s'élevait à FRF'000:45.981 millions, dont 68% à taux variable. Eurotunnel cherche à poursuivre sa stratégie de convertir à taux fixe une part de plus en plus large de ses emprunt, en fonction des opportunités des marchés et dans la limite des lignes de contrats d'échange financiers disponibles..

Les autres événements importants de l'exercice 1992 et des premiers mois de 1993 sont décrits à la note 16.

2 Principes et méthodes comptables

Les comptes ont été établis conformément aux principes comptables généralement admis en France selon la méthode du coût historique et dans la perspective de la continuité de l'exploitation.

La continuité de l'exploitation dépend principalement de l'accès au financement octroyé par le syndicat bancaire, la BEI et la CECA ("Les Banques") dans le cadre des conditions de crédit et de la capacité d'Eurotunnel d'obtenir des fonds supplémentaires suffisants lorsque les possibilités de crédit actuellement disponibles auront été pleinement utilisées durant l'année 1994. Comme indiqué en note 16, les projections plus récentes réalisées par le Groupe Eurotunnel font apparaître que les possibilités de crédit actuelles seront pleinement utilisées durant 1994 et que des fonds supplémentaires seront nécessaires avant que le Groupe ne génère des excédents de trésorerie. Le montant des fonds supplémentaires nécessaires dépend de la nature et des conditions du financement et, entre autres, des termes du règlement des litiges entre Eurotunnel et TML, de la date de démarrage des opérations, du niveau de revenus générés suite au démarrage et des taux d'intérêt en vigueur. Le Groupe prépare une stratégie de financement qui sera soumise à l'approbation des Banques et qui nécessitera, à certains égards, l'approbation des actionnaires. La note 16 indique qu'Eurotunnel ne satisfait pas aujourd'hui à certaines conditions des crédits mis à disposition. Ces conditions ont fait l'objet d'une dérogation des Banques qui expirera en mai 1994. Les tirages futurs sur les crédits accordés ne peuvent se faire jusqu'à cette date que si Eurotunnel continue à remplir les conditions de cette dérogation.

113

Eurotunnel S.A.
Annexe suite

Dans l'hypothèse où ces problèmes ne seraient pas résolus de manière satisfaisante et où des ressources complémentaires ne pourraient être obtenues, le Groupe Eurotunnel ne pouvant alors continuer ses activités, les comptes devraient faire l'objet d'ajustements qu'il n'est pas possible d'apprécier à ce jour, en particulier sur la réduction des actifs à leur valeur de réalisation et sur la prise en compte de tout passif éventuel.

Les participations figurent au bilan pour leur valeur d'acquisition. Lorsque leur valeur d'usage est inférieure à leur valeur d'acquisition, une provision pour dépréciation est constituée du montant de la différence. La valeur d'usage est déterminée en fonction de l'actif net estimé de la filiale, de sa rentabilité et ses perspectives d'avenir.

Les valeurs mobilières de placement figurent au bilan pour leur coût d'acquisition. Lorsque leur valeur d'inventaire est inférieure à leur coût d'acquisition, une provision pour dépréciation est constituée du montant de la différence. Les postes valeurs mobilières de placement et disponibilités comprennent les intérêts courus à recevoir.

La Convention fiscale signée par ESA prévoit que les charges d'impôt sont comptabilisées dans les comptes des sociétés intégrées comme en l'absence d'intégration et que les économies et pertes d'impôts réalisées par le Groupe sont comptabilisées chez la société mère et considérées comme un résultat immédiat de l'exercice.

3 Participations

Au 31 décembre 1992, les titres de participation s'analysent comme suit :

	France Manche S.A.	Eurotunnel Finance S.A.	Eurotunnel Développements S.A.	Eurotunnel Services G.I.E.
Capital	5.317.950.000	250.000	250.000	10.000
Capitaux propres autres que le capital	2.642.201.100	70.545	(129.374)	–
Quote part du capital détenu (en %)	99.9	99.9	99.9	20
Valeur comptable des titres détenus:				
Brute	7.960.150.000	274.230	249.200	2.000
Nette	7.960.150.000	274.230	249.200	2.000
Prêts et avances consentis par la Société et non encore remboursés	76.655.057	34.270	–	–
Cautions et avals donnés par la société	(a)	(a)	(a)	(a)
Chiffre d'affaires hors taxe du dernier exercice écoulé	4.652.528	2.401.047	–	166.860.032
Résultat	–	12.990	(24.136)	–
Dividendes encaissés par la Société au cours de l'exercice	–	–	–	–

(a) Ces informations sont mentionnées en note 16 de l'annexe.

4 Créances rattachées à des participations

Le solde de ce poste correspond aux fonds mis à disposition de FM sans échéance et sans intérêt, à hauteur de FRF 19.404.793 et au prêt de £7.142.857 (contrepartie de l'emprunt obligataire) consenti à FM. Au 31 décembre 1991, ce prêt figurait à la rubrique "Groupe et associés".

5 Créances clients

Le solde du poste créances clients et comptes rattachés correspond au solde de la prestation relations actionnaires du deuxième semestre à recevoir de FM.

Eurotunnel S.A.
Annexe suite

6 Groupe et associés

Créances

	31 décembre 1992 FRF	31 décembre 1991 FRF
France Manche S.A.	–	66.863.824
Eurotunnel Finance S.A.	34.270	27.578
Eurotunnel P.L.C.	10.599.978	5.551.233
	10.634.248	72.442.635

Dettes

France Manche S.A.	2.392.592	–
	2.392.592	–

Les comptes courants mentionnés ci-dessus ne sont pas porteurs d'intérêts. Au 31 décembre 1991, le compte courant de FM incluait le prêt de £7.142.857 soit FRF 69.214.284 équivalent. Ce prêt figure au 31 décembre 1992 à la rubrique "Créances rattachées à des participations".

7 Valeurs mobilières de placement

Ce poste correspond à des placements à court terme en SICAV. Au 31 décembre 1992, la valeur de marché de ces SICAV s'établissait à FRF 5.226.447.

8 Capital et primes d'émission

Actions ordinaires	Valeur nominale FRF	Nombre	Montant du capital FRF	Primes d'émission FRF
Au 31 décembre 1991	10	532.935.773	5.329.357.730	2.648.775.211
Au 31 décembre 1992	10	533.979.545	5.339.795.450	2.656.697.538
Variation		1.043.772	10.437.720	7.922.327

a *Le 13 août 1986, un Contrat de Structure de Sociétés a été signé entre ESA, EPLC, FM et CTG qui prévoit, entre autres, que les actions d'ESA et d'EPLC seront 'jumelées', de telle sorte qu'une action d'ESA et une action d'EPLC forment une 'unité'. Les statuts d'ESA et les 'articles of association' d'EPLC limitent les transferts d'actions aux transferts simultanés d'un nombre égal d'actions de chaque société.*

b *Les actions d'ESA et d'EPLC émises en 1987 ont été assorties de bons de souscription de chaque société, jumelés pour constituer des bons de souscription qui donnaient le droit de souscrire, sur présentation de dix bons, 1,1 unité moyennant un prix de FRF 23 plus £2,30. En 1992, 5.435.581 bons de souscription ont été exercés pour un montant de FRF 6.574.349 plus £ 1.946.845 représentant 596.235 unités.*

c *Les bons de souscription des actionnaires fondateurs émis en 1986 donnent à leurs titulaires le droit de souscrire 10,78 unités à un prix de FRF 100 plus £9,72 au plus tard 30 juin 1995. En 1992, aucun bon de souscription n'a été exercé. Au 31 décembre 1992, les bons de souscription en vigueur permettent de souscrire 28.528.537 unités.*

d *Un plan d'options de souscription d'actions, autorisé par les Assemblées Générales Extraordinaires d'ESA et d'EPLC du 25 septembre 1987, permet de faire bénéficier les salariés à plein temps du Groupe Eurotunnel, y compris les Dirigeants, d'options de souscription. Le plan d'options de souscription d'actions a été renouvelé par les Assemblées Générales Extraordinaires d'ESA et d'EPLC du 23 mai 1991. Le nombre maximum d'unités qui peuvent faire l'objet d'options est de 30.000.000 unités. Les options peuvent normalement être exercées entre le troisième et le dixième anniversaire de la date à laquelle elles ont été consenties. En 1992, 299.300 et 1.142.180 options ont été attribuées à un prix d'exercice respectivement de FRF 38,30 ou £3,68 et de FRF 30,15 ou £3,56. Au cours de l'année 1992, 447.537 options ont été exercées pour un montant de FRF 1.177.810 plus £1.247.601. Au 31 décembre 1992, le nombre total d'options en vigueur permet de souscrire 7.846.710 unités au profit de 299 bénéficiaires.*

e *En novembre 1990, ESA et EPLC ont procédé à une augmentation de capital par émission de 199.435.068 unités. Le nombre total d'unités pouvant être émises dans le cadre de l'autorisation accordée par les Assemblées Générales du 27 juin 1990 s'élevait à 392.000.000.*

Eurotunnel S.A.
Annexe suite

f   *Conformément à l'autorisation donnée par les actionnaires lors des Assemblées Générales Extraordinaires d'ESA et d'EPLC le 23 mai 1991, ESA a émis en juillet 1991, en faveur de certaines des banques parties aux Conventions de Crédit, 7.142.857 obligations d'une valeur nominale de £1. Ces obligations ont été assorties de bons de souscription d'ESA qui, jumelés aux bons de souscription émis par EPLC permettent de souscrire 1,07 unités par bon moyennant un prix d'exercice de FRF 17,50 plus £1,75 au cours d'une période de trois mois déterminée selon certaines échéances du prêt bancaire et expirant au plus tard le 30 juin 2000.*

g   *ESA et EPLC sont convenues qu'une rémunération supplémentaire sera versée aux banques ayant augmenté leur engagement dans le cadre de la Convention de Crédit Révisée. ESA et EPLC pourraient, sous réserve de l'autorisation de leurs actionnaires, satisfaire à cette obligation en émettant des bons de souscription permettant chacun de souscrire une unité. Ces bons seraient exerçables au plus tard le 30 juin 2000 moyennant un prix de £5 par unité. Le nombre des bons à émettre serait d'environ 7.921.210.*

9   Report à nouveau

Conformément aux résolutions de l'Assemblée Générale Ordinaire du 25 juin 1992, le bénéfice de l'exercice 1991 a été inscrit en report à nouveau.

10   Emprunt obligataire

En juillet 1991, ESA a procédé à une émission de 7.142.857 obligations d'une valeur nominale de £1, émises et remboursables au pair. Ces obligations ont une durée expirant au plus tard le 31 mars 2000 et portent intérêt par référence au taux PIBOR pour les dépôts en £ à trois mois (voir note 8e).

11   Production vendue de services

Ce poste comprend le produit des prestations de services mentionnées en note 1 facturées à FM.

12   Autres achats et charges externes

Ce poste comprend les coûts liés à la levée des fonds destinés au financement du Projet ainsi que les charges afférentes aux prestations de services facturées par ESGIE et ESL.

13   Résultat et situation fiscale

Au 31 décembre 1992, les pertes fiscales d'ESA s'élèvent à FRF 440.269 et sont reportables indéfiniment. Les particularités du Projet ont nécessité des consultations entre les autorités fiscales des deux pays afin d'harmoniser autant que possible les solutions. Au 31 décembre 1992 certaines positions n'ont pas été définitivement arrêtées. Toutefois, à cette date, cette situation n'a pas d'incidence significative sur les comptes.

14   Dirigeants sociaux

Les Dirigeants sociaux ont été rémunérés par différentes entités du Groupe et leurs rémunérations sont indiquées à l'annexe des comptes combinés du Groupe Eurotunnel.

Eurotunnel S.A.
Annexe suite

15 Actions et bons de souscription de la Société détenus par les Administrateurs ou les Censeurs

Les Administrateurs ou les Censeurs suivants possédaient, à la fin de l'exercice, des actions ou des bons de souscription de la société:

	Actions entièrement libérées de FRF 10	
	31 décembre 1992	31 décembre 1991*
APJ Bénard	**4.810**	4.810
AH Bertrand	**–**	–
DM Child	**810**	810
PG Corbett	**3.400**	3.400
R Fauroux (a démissionné le 25 juin 1992)	**1**	–
HJ Foulds	**1.500**	1.500
Sir Alistair Frame (a démissionné le 30 avril 1992)	**16**	16
P Lagayette	**–**	–
R Lion	**3.600**	3.600
R Malpas**	**9.616**	9.616
Sir Alastair Morton	**18.400**	18.400
J Neerhout	**–**	–
P Ponsolle	**56**	56
Sir Robert Scholey	**2.400**	2.400
B Thiolon	**816**	816
Sir Christopher Tugendhat	**1.200**	800
J-H Wahl	**16**	16
G de Wouters	**1.600**	1.600

* Ou à la date d'entrée en fonction.
** R Malpas a, de plus, des intérêts dans une fondation privée qui détient 11.200 unités.

Aucun Administrateur ou Censeur ne détient des bons de souscription émis en 1986 ou 1991.

Dans le cadre du plan d'options de souscription d'actions décrit précédemment, APJ Bénard et Sir Alastair Morton détenaient chacun 298.097 options de souscription d'unités au 31 décembre 1991. Au cours de 1992, il leur a été attribué à chacun 26.500 options de souscription à un prix d'exercice de £3,56. Au 31 décembre 1992, APJ Bénard et Sir Alastair Morton détiennent chacun, des options permettant de souscrire 324.597 unités. Au 31 décembre 1991, AH Bertrand détenait 131.821 options de souscription. Au cours de 1992, il lui a été attribué des options permettant de souscrire 32.500 unités à un prix d'exercice de FRF 30,15. Au 31 décembre 1992, AH Bertrand détient 164.321 options.

Au 31 décembre 1991, PG Corbett, detenait 157.615 options de souscription. Au cours de 1992, il lui a été attribué des options permettant de souscrire 36.200 unités à un prix d'exercice de FRF 30,15. Au décembre 1992, PG Corbett détient 193.815 options.

16 Engagements et passifs éventuels

a Les Concessionnaires ont signé un contrat avec Transmanche Link (TML) pour la conception et la construction du Projet. La date contractuelle d'objectif d'achèvement est restée fixée pendant tout l'exercice au 15 juin 1993. Les retards liés à l'installation des équipements fixes électro-mécaniques et à la livraison du matériel roulant se sont confirmés et entrainent un glissement supplémentaire d'une date d'ouverture à la fin de l'été à une date qui, faute d'un accord avec TML, ne peut être déterminée, mais qui ne sera probablement pas avant la fin de 1993.

Le tribunal d'arbitrage, nommé par la Chambre de Commerce Internationale a, dans une sentence partielle en septembre 1992, infirmé la décision du Comité d'Experts de mars 1992 astreignant Eurotunnel au versement mensuel d'un financement intérimaire de FRF 250 millions plus £25 millions et a donné aux FRF 2000 millions équivalent versés à TML de mai à août 1992, le statut d'avance à valoir sur des réclamations à établir et à prouver. Par ailleurs, le tribunal d'arbitrage a, par une deuxième sentence partielle, déclaré irrecevable la réclamation globale de TML demandant une "rémunération équitable, appropriée et raisonnable" au lieu du forfait prévu par le contrat pour les équipements fixes du Tunnel. Il a été demandé à TML de formuler ses réclamations de manière suffisamment individualisée dans le cadre des dispositions pertinentes du contrat ou par application des principes de responsabilité.

Eurotunnel S.A.
Annexe suite

TML a présenté d'autres réclamations pour prorogation de délais. Ces réclamations portent sur 12 mois et signifieraient, si elles étaient acceptées, une date d'ouverture en juin 1994. Eurotunnel procède à l'examen des réclamations pour prorogation de délais relatives aux équipements fixes et au matériel roulant.

La valeur totale des réclamations monétaires notifiées par le constructeur dans son dernier état mensuel de février 1993 a atteint FRF 9,12 milliards (prix 1985) dont 97% se rapportent aux équipements fixes. Ces réclamations doivent encore être convenablement détaillées.

Eurotunnel estime toujours avoir pris en compte les montants suffisants pour couvrir celles des réclamations qui seraient justifiées. Les réclamations relatives aux travaux en dépenses contrôlées pour le tunnel et celles relatives aux terminaux français et britannique ont été réglées pour FRF 1,13 milliards à comparer à FRF 1,07 milliards pris en compte dans les prévisions précédentes d'Eurotunnel.

Par ailleurs, ESCW, le fabricant des navettes passagers, a informé TML de son intention de soumettre une réclamation de FRF 1,8 milliard et a refusé de commencer les livraisons des navettes. TML, qui est partie au contrat avec ECSW, examine actuellement les recours possibles face à cette situation.

b *Le Groupe Eurotunnel a conclu en 1987 une convention de crédit avec un syndicat d'environ 200 banques pour le financement du Projet. En 1990, cette convention a fait l'objet d'amendements divers concernant, entre autres, l'augmentation des montants du financement mis à la disposition du Groupe Eurotunnel qui s'élève maintenant à FRF 28.600 millions plus £3.560 millions plus US$ 570 millions. Aux taux de change de clôture, le total des tirages relatifs aux conventions de crédit s'élève à FRF 45.004 millions au 31 décembre 1992 (1991 : FRF 33.813 millions). Par ailleurs, la Banque Européenne d'Investissement (BEI) et la Communauté Européenne du Charbon et de l'Acier (CECA) ont accepté d'accorder des lignes de crédits à hauteur de FRF 3.000 millions et FRF 1.760 millions respectivement. Au 31 décembre 1992, FRF 900 millions et £25 millions ont été utilisés sur le prêt BEI et £80 millions sur le prêt CECA.*

Les banques agents recherchent toujours l'octroi par le syndicat bancaire d'un amendement aux conventions de crédit afin de pallier, compte tenu de l'état actuel du marché bancaire, les difficultés d'obtention des lettres de crédit cadre nécessaires à la garantie des lignes de crédit non utilisées et pour remplacer les avances actuelles. Les montants non utilisés dans les tranches en question s'élèvent à FRF 2.752 millions et £203 millions.

La mise à disposition des prêts du syndicat bancaire, de la BEI et de la CECA dépend des prévisions, "cas bancaires", préparées tous les 6 mois par les consultants des banques. Elles sont établies à partir d'hypothèses généralement plus conservatrices que celles retenues par Eurotunnel.

Le dernier cas bancaire, préparé en mars 1993, montre toujours qu'Eurotunnel ne respecte pas les conditions préalables du contrat de prêt. Les banques ont confirmé qu'Eurotunnel restait dans le cadre des conditions de dérogation accordées par le syndicat en novembre 1992. La dérogation est valable jusqu'au 31 mai 1994 sous réserve qu'Eurotunnel respecte certaines conditions. Celles-ci prévoient que les futurs cas bancaires ne fassent pas apparaître de détérioration sensible par rapport à celui de juin 1992; que la date d'ouverture, si elle était postérieure au 31 décembre 1993, ne soit pas postérieure au 31 mars 1994 et qu'elle n'affecte pas défavorablement la position des banques et qu'Eurotunnel obtienne l'accord formel des banques sur des propositions de financement détaillées au plus tard en novembre 1993.

c *De nouvelles projections ont été préparées, fondées sur l'hypothèse de l'absence d'un accord global avec TML. En l'absence d'accord, il ne peut y avoir à ce jour de certitude quant aux dates d'ouverture, et Eurotunnel ne fait pas de prévisions sur ces dates. Dans ce contexte, il a été décidé d'utiliser les dates retenues par les banques, en février 1993, qui prévoient le démarrage des navettes et ues trains de fret en février 1994 et le démarrage des navettes passagers en avril 1994.*

La dernière estimation d'Eurotunnel des coûts projetés jusqu'à une date d'ouverture à mi-février s'élève à environ FRF 84 milliards à comparer au coût prévisionnel donné il y a un an de FRF 81 milliards. Les intérêts (FRF 2,5 milliards) et les frais généraux (FRF 1,3 milliards) qui courent pendant les cinq mois en cause expliquent et au-delà cette augmentation.

Eurotunnel S.A.
Annexe suite

Comme Eurotunnel l'a annoncé publiquement à plusieurs reprises, un financement complémentaire sera nécessaire en 1994/95, destiné non pas à couvrir le coût du projet, mais à assurer les fonds nécessaires après la mise en service jusqu'au moment où les revenus nets d'exploitation dépasseront le montant des frais financiers, à savoir le point d'équilibre de la trésorerie. Les revenus nets prévisionnels, après déduction des coûts d'exploitation, couvriront les frais généraux à partir de mi-1994, le paiement des intérêts représentant les seules autres dépenses. Si le besoin de financement supplémentaire était entièrement couvert aux taux du marché, le point d'équilibre de la trésorerie pourrait être atteint en 1998. En supposant une combinaison de fonds propres et de crédits bancaires pour le financement de 1994/95, le point d'équilibre de la trésorerie pourrait être atteint avant la fin de 1997. Le besoin total de financement dépend du choix du moment opportun et de la combinaison de fonds apportés par les actionnaires, les banques et tout autre intervenant. L'essentiel des propositions qu'Eurotunnel a préparées pour consultation des banques agents repose (a) sur le financement nécessaire pour couvrir la période allant du début de l'été 1994 jusqu'à la fin 1995, période au cours de laquelle Eurotunnel envisage, au moment opportun, une augmentation de capital ou tout autre apport en fonds propres et (b) sur les possibilités de fixation des frais financiers. En contribution à ce financement-relais, Eurotunnel demandera à ses actionnaires lors de la prochaine assemblée générale l'autorisation d'émettre des bons de souscription gratuits à tous les actionnaires existants. La réalisation de cette opération permettrait à la fois de faire bénéficier les actionnaires de bons de souscription gratuits et d'assurer aux banques que des capitaux supplémentaires sont investis dans le projet. Sur la base d'un exercice complet de ces bons, et en fonction du prix d'exercice, la souscription apporterait environ FRF 2 milliards de capitaux propres au cours de l'été 1994. Tous les détails sont donnés dans le document de l'assemblée générale aux actionnaires.

Le Groupe Eurotunnel pourrait néanmoins avoir besoin de crédits supplémentaires pour compléter les lignes de crédit existantes, et un financement ultérieur complémentaire en fonds propres pourrait en conséquence être nécessaire pour rétablir un équilibre approprié entre l'endettement et les capitaux propres.

Ce montant complémentaire dependra de la structure de financement supplémentaire, de la résolution des problèmes contractuels, des dates d'ouverture, du niveau des recettes générées par l'activité et des taux d'intérêt en vigueur. Le plan de financement sera soumis à l'approbation des banques et certains éléments nécessiteront certainement l'accord des actionnaires.

d *Conformément aux termes de la Convention de Crédit Revisée signée par sa filiale EFSA, ESA a pris l'engagement de consentir aux banques prêteuses des sûretés portant sur les principaux contrats relatifs au Projet, sur les actions des filiales et sociétés détenues conjointement avec elle et EPLC ainsi que sur tous ses autres actifs, droits et biens. A la clôture de l'exercice, seules les actions des filiales et certains comptes bancaires ont été nantis.*

La société est garante, conjointement et solidairement avec les autres sociétés du Groupe Eurotunnel, des obligations vis-à-vis des gouvernements et des autres engagements liés à la construction du Projet.

COMPAGNIE GÉNÉRALE
DES ÉTABLISSEMENTS MICHELIN

BILAN AU 31 DÉCEMBRE 1992

ACTIF

		1992	
	Brut	Amortissements ou provisions pour dépréciation	Net
ACTIF IMMOBILISÉ			
Immobilisations incorporelles			
Concessions, brevets et droits similaires	33 497 185,28	26 707 372,81	6 789 812,47
Autres immobilisations incorporelles	402 076,80	225 248,13	176 828,67
Avances et acomptes	—	—	—
	33 899 262,08	26 932 620,94	6 966 641,14
Immobilisations corporelles			
Terrains	672 152,69	—	672 152,69
Constructions	11 025 840,75	5 188 889,33	5 836 951,42
Autres immobilisations corporelles	9 100 608,62	5 244 625,98	3 855 982,64
Immobilisations corporelles en cours	—	—	—
Avances et acomptes	—	—	—
	20 798 602,06	10 433 515,31	10 365 086,75
Immobilisations financières (1)			
Participations	17 051 369 879,95	3 664 047 759,32	13 387 322 120,63
Créances rattachées à des participations	1 537 687 931,31	—	1 537 687 931,31
Autres titres immobilisés	23 129 199,39	5 841 736,74	17 287 462,65
Prêts	—	—	—
Autres immobilisations financières	4 470,00	—	4 470,00
	18 612 191 480,65	3 669 889 496,06	14 942 301 984,59
(I)	**18 666 889 344,79**	**3 707 255 632,31**	**14 959 633 712,48**
ACTIF CIRCULANT			
Créances	617 589 447,16	—	617 589 447,16
Valeurs mobilières de placement			
Actions propres	141 517 923,30	208 567,25	141 309 356,05
Autres titres	1 425 007,05	217 986,21	1 207 020,84
	142 942 930,35	426 553,46	142 516 376,89
Disponibilités	914 014,98	—	914 014,98
COMPTES DE RÉGULARISATION			
Charges constatées d'avance (2)	213 410,71	—	213 410,71
(II)	**761 659 803,20**	**426 553,46**	**761 233 249,74**
Charges à répartir sur plusieurs exercices *(III)*	—		—
Primes de remboursement des obligations *(IV)*	—	—	—
Écarts de conversion actif *(V)*	**792 539,00**		**792 539,00**
TOTAL DE L'ACTIF (I + II + III + IV + V)	**19 429 341 686,99**	**3 707 682 185,77**	**15 721 659 501,22**
(1) dont à moins d'un an			1 477 687 931,31
(2) dont à plus d'un an			—

1991	PASSIF		1992	1991
Net				
	CAPITAUX PROPRES			
10 437 942,25	Capital (dont capital amorti 750 000 F.)		1 283 941 668,00	1 283 657 352,00
185 249,08	Primes liées au capital social		4 557 907 989,41	4 553 453 705,41
—	Écarts de réévaluation		3 495 573 510,64	3 495 573 510,64
10 623 191,33	Réserves			
672 152,69	Réserve légale		128 365 735,20	123 511 566,00
6 672 878,16	Réserves réglementées		1 784 980 477,50	1 784 980 477,50
5 330 222,83	Autres réserves		455 778 177,57	455 778 177,57
—	Report à nouveau		125 397 591,12	26 072 372,11
12 675 253,68	Résultat de l'exercice		213 047 182,26	118 385 668,41
13 578 433 009,51	Provisions réglementées		404 054 275,54	404 054 275,54
1 704 379 602,42		**(I)**	**12 449 046 607,24**	**12 245 467 105,18**
21 538 709,60	**PROVISIONS POUR RISQUES ET CHARGES**			
32 656,00	Provisions pour risques		8 550 000,00	7 961 557,82
4 470,00	Provisions pour charges		89 936 300,00	104 936 300,00
15 304 388 447,53		**(II)**	**98 486 300,00**	**112 897 857,82**
15 327 686 892,54				
	DETTES (1)			
729 306 340,63	Emprunts obligataires convertibles		1 588 879 405,09	1 588 887 560,29
106 346 802,80	Autres emprunts obligataires		131 762 363,14	949 458 838,62
1 403 713,69	Emprunts et dettes auprès des établissements de crédit (2)		1 113 406 331,64	820 220 000,00
107 750 516,49	Emprunts et dettes financières divers (2)		134 976 377,76	201 598 008,75
423 056,46	Dettes fiscales et sociales		10 137 766,77	10 973 603,22
	Dettes sur immobilisations et comptes rattachés		—	—
304 926,77	Autres dettes		193 916 294,73	236 180 316,83
837 784 840,35		**(III)**	**3 173 078 539,13**	**3 807 318 327,71**
—				
—				
231 181,53	Écarts de conversion passif	**(IV)**	**1 048 054,85**	**19 623,71**
16 165 702 914,42	**TOTAL DU PASSIF (I + II + III + IV)**		**15 721 659 501,22**	**16 165 702 914,42**
1 644 412 258,42	(1) dont à plus d'un an		2 322 209 000,00	2 032 287 300,75
	à moins d'un an		850 869 539,13	1 775 031 026,96
—	(2) dont concours bancaires courants et soldes créditeurs de banques		—	—

COMPAGNIE GÉNÉRALE
DES ÉTABLISSEMENTS MICHELIN

COMPTE DE RÉSULTAT DE L'EXERCICE 1992

		1992	1991
PRODUITS D'EXPLOITATION (1)			
Chiffre d'affaires (redevances) (dont à l'exportation : 445 544 926,93)		457 079 726,41	493 532 903,48
Autres produits		65 947,08	65 996,50
	(I)	**457 145 673,49**	**493 598 899,98**
CHARGES D'EXPLOITATION (2)			
Charges externes		85 374 949,98	78 404 625,49
Impôts, taxes et versements assimilés		1 458 601,18	3 219 114,37
Salaires et traitements		10 488 414,53	9 565 166,90
Charges sociales		3 942 508,88	3 608 565,44
Dotations aux amortissements			
• des immobilisations		6 776 396,42	4 861 309,17
• des charges d'exploitation à répartir		—	7 651 620,80
Autres charges		1 159 871,56	1 258 487,72
	(II)	**109 200 742,55**	**108 568 889,89**
RÉSULTAT D'EXPLOITATION (I - II)		**347 944 930,94**	**385 030 010,09**
PRODUITS FINANCIERS			
De participations (3)		195 690 743,72	164 933 722,30
Intérêts et produits assimilés (3)		2 991 049,24	29 765 950,81
Reprises sur provisions		60 060 111,07	91 780 350,28
Différences positives de change		18 731 989,29	9 390 334,88
Produits nets sur cessions de valeurs mobilières de placement		3 723,42	—
	(III)	**277 477 616,74**	**295 870 358,27**
CHARGES FINANCIÈRES			
Dotations financières aux amortissements et aux provisions		5 230 195,20	37 225 989,91
Intérêts et charges assimilées (4)		215 423 993,08	303 649 727,38
Différences négatives de change		1 653 465,05	13 461 090,34
Charges nettes sur cessions de valeurs mobilières de placement		107,92	—
	(IV)	**222 307 761,25**	**354 336 807,63**
RÉSULTAT FINANCIER (III - IV)		**55 169 855,49**	**(58 466 449,36)**
RÉSULTAT COURANT AVANT IMPÔT (I - II + III - IV)		**403 114 786,43**	**326 563 560,73**

	1992	1991
PRODUITS EXCEPTIONNELS		
Sur opérations de gestion	2 314 310,00	434 076,00
Sur opérations en capital	1 114 569,74	412 430,00
Reprises sur provisions	—	7 000 000,00
(V)	**3 428 879,74**	**7 846 506,00**
CHARGES EXCEPTIONNELLES		
Sur opérations de gestion	373 216,00	31 849 540,32
Sur opérations en capital	1 132 449,91	318 000,00
Dotations exceptionnelles aux amortissements et aux provisions	200 000 000,00	200 000 000,00
(VI)	**201 505 665,91**	**232 167 540,32**
RÉSULTAT EXCEPTIONNEL (V - VI)	**(198 076 786,17)**	**(224 321 034,32)**
IMPÔT SUR LES BÉNÉFICES (VII)	**(8 009 182,00)**	**(16 143 142,00)**
TOTAL DES PRODUITS (I + III + V)	**738 052 169,97**	**797 315 764,25**
TOTAL DES CHARGES (II + IV + VI + VII)	**525 004 987,71**	**678 930 095,84**
BÉNÉFICE OU (PERTE)	**213 047 182,26**	**118 385 668,41**
(1) dont produits afférents à des exercices antérieurs	—	—
(2) dont charges afférentes à des exercices antérieurs	253 998,64	111 198,42
(3) dont produits concernant les entreprises liées	198 579 850,89	193 630 183,81
(4) dont charges concernant les entreprises liées	14 612 008,00	15 599 486,00

COMPAGNIE GÉNÉRALE
DES ÉTABLISSEMENTS MICHELIN

(French francs)

BALANCE SHEET AS AT 31st DECEMBER,

1992

		Gross	Depreciation and Provisions	Net
FIXED ASSETS				
Intangible fixed assets				
Concessions, patents and similar rights		33 497 185.28	26 707 372.81	6 789 812.47
Other intangible fixed assets		402 076.80	225 248.13	176 828.67
Advances and payments on account		—	—	—
Tangible fixed assets		33 899 262.08	26 932 620.94	6 966 641.14
Land		672 152.69	—	672 152.69
Buildings		11 025 840.75	5 188 889.33	5 836 951.42
Other tangible fixed assets		9 100 608.62	5 244 625.98	3 855 982.64
Assets under construction		—	—	—
Advances and payments on account		—	—	—
Financial fixed assets (1)		20 798 602.06	10 433 515.31	10 365 086.75
Shareholdings		17 051 369 879.95	3 664 047 759.32	13 387 322 120.63
Receivables related to shareholdings		1 537 687 931.31	—	1 537 687 931.31
Other investments		23 129 199.39	5 841 736.74	17 287 462.65
Loans		—	—	—
Other		4 470.00	—	4 470.00
		18 612 191 480.65	3 669 889 496.06	14 942 301 984.59
	(I)	**18 666 889 344.79**	**3 707 255 632.31**	**14 959 633 712.48**
CURRENT ASSETS				
Debtors		617 589 447.16	—	617 589 447.16
Stocks, shares and securities				
Own shares		141 517 923.30	208 567.25	141 309 356.05
Other holdings		1 425 007.05	217 986.21	1 207 020.84
		142 942 930.35	426 553.46	142 516 376.89
Cash at bank and in hand		914 014.98	—	914 014.98
SUSPENSE ACCOUNTS				
Payments in advance (2)		213 410.71	—	213 410.71
	(II)	**761 659 803.20**	**426 553.46**	**761 233 249.74**
Charges to be spread over several years	**(III)**	—	—	—
Premiums on bond redemption	**(IV)**	—	—	—
Foreign exchange conversion differences	**(V)**	**792 539.00**	—	**792 539.00**
GRAND TOTAL (I + II + III + IV + V)		**19 429 341 686.99**	**3 707 682 185.77**	**15 721 659 501.22**
(1) of which, falling due within one year				1 477 687 931.31
(2) of which, falling due within more than one year				—

1992

1991		1992	1991
Net			
	CAPITAL AND RESERVES		
10 437 942.25	Share capital (including FF750.000 redeemed)	1 283 941 668.00	1 283 657 352.00
185 249.08	Share premiums	4 557 907 989.41	4 553 453 705.41
—	Revaluation differences	3 495 573 510.64	3 495 573 510.64
10 623 191.33	Reserves		
672 152.69	Legal reserve	128 365 735.20	123 511 566.00
6 672 878.16	Tax-regulated reserve	1 784 980 477.50	1 784 980 477.50
5 330 222.83	Other reserves	455 778 177.57	455 778 177.57
—	Profit and loss account	125 397 591.12	26 072 372.11
—	Profit (loss) for the year	213 047 182.26	118 385 668.41
12 675 253.68			
13 578 433 009.51	Tax-related provisions	404 054 275.54	404 054 275.54
1 704 379 602.42	*(I)*	**12 449 046 607.24**	**12 245 467 105.18**
21 538 709.60			
32 656.00	**PROVISIONS FOR CONTINGENCIES AND CHARGES**		
4 470.00	Contingencies	8 550 000.00	7 961 557.82
15 304 388 447.53	Future charges	89 936 300.00	104 936 300.00
15 327 686 892.54	*(II)*	**98 486 300.00**	**112 897 857.82**
	CREDITORS (1)		
729 306 340.63	Convertible bonds	1 588 879 405.09	1 588 887 560.29
	Other bonds	131 762 363.14	949 458 838.62
106 346 802.80	Amounts owed to financial institutions (2)	1 113 406 331.64	820 220 000.00
1 403 713.69	Other borrowings (2)	134 976 377.76	201 598 008.75
107 750 516.49	Taxes and social charges	10 137 766.77	10 973 603.22
423 056.46	Amounts owed for fixed assets and related accounts	—	—
304 926.77	Other creditors	193 916 294.73	236 180 316.83
837 784 840.35	*(III)*	**3 173 078 539.13**	**3 807 318 327.71**
—			
—			
231 181.53	Foreign exchange conversion differences *(IV)*	**1 048 054.85**	**19 623.71**
16 165 702 914.42	**GRAND TOTAL (I + II + III + IV)**	**15 721 659 501.22**	**16 165 702 914.42**
1 644 412 258.42	(1) of which, falling due within more than one year	2 322 209 000.00	2 032 287 300.75
	of which, falling due within one year	850 869 539.13	1 775 031 026.96
—	(2) of which, bank current facilities and overdraft balances	—	

125

COMPAGNIE GÉNÉRALE
DES ÉTABLISSEMENTS MICHELIN

PROFIT AND LOSS ACCOUNT FOR THE YEAR

(French francs)

		1992	1991
OPERATING INCOME (1)			
Royalties (of which, from outside France FF 445 544 926.93)		457 079 726.41	493 532 903.48
Other income		65 947.08	65 996.50
	(I)	**457 145 673.49**	**493 598 899.98**
OPERATING EXPENSES (2)			
External charges		85 374 949.98	78 404 625.49
Taxes and similar expenses		1 458 601.18	3 219 114.37
Wages and salaries		10 488 414.53	9 565 166.90
Social charges		3 942 508.88	3 608 565.44
Provision for depreciation			
• Fixed assets		6 776 396.42	4 861 309.17
• Revenue charges spread over several years		—	7 651 620.80
Other charges		1 159 871.56	1 258 487.72
	(II)	**109 200 742.55**	**108 568 889.89**
OPERATING PROFIT (I - II)		**347 944 930.94**	**385 030 010.09**
FINANCIAL INCOME			
From shareholdings (3)		195 690 743.72	164 933 722.30
Interest and similar income (3)		2 991 049.24	29 765 950.81
Provisions written back		60 060 111.07	91 780 350.28
Foreign exchange gains		18 731 989.29	9 390 334.88
Net gains on sales of securities		3 723.42	—
	(III)	**277 477 616.74**	**295 870 358.27**
FINANCIAL CHARGES			
Depreciation and provisions		5 230 195.20	37 225 989.91
Interest and similar charges		215 423 993.08	303 649 727.38
Foreign exchange losses		1 653 465.05	13 461 090.34
Net losses on sales of securities		107.92	—
	(IV)	**222 307 761.25**	**354 336 807.63**
NET FINANCIAL INCOME (CHARGES) (III - IV)		**55 169 855.49**	**(58 466 449.36)**
ORDINARY PROFIT BEFORE TAXATION (I - II + III - IV)		**403 114 786.43**	**326 563 560.73**

ENDED 31st DECEMBER, 1992

		1992	1991
EXTRAORDINARY INCOME			
On ordinary activities		2 314 310.00	434 076.00
On capital transactions		1 114 569.74	412 430.00
Provisions written back		—	7 000 000.00
	(V)	**3 428 879.74**	**7 846 506.00**
EXTRAORDINARY CHARGES			
On ordinary activities		373 216.00	31 849 540.32
On capital transactions		1 132 449.91	318 000.00
Depreciation and provisions		200 000 000.00	200 000 000.00
	(VI)	**201 505 665.91**	**232 167 540.32**

	1992	1991
EXTRAORDINARY PROFIT (LOSS) (V - VI)	(198 076 786.17)	(224 321 034.32)
TAXATION (VII)	(8 009 182.00)	(16 143 142.00)
TOTAL INCOME (I + III + V)	738 052 169.97	797 315 764.25
TOTAL EXPENDITURE (II + IV + VI + VII)	525 004 987.71	678 930 095.84
PROFIT (LOSS)	213 047 182.26	118 385 668.41

	1992	1991
(1) of which, income relating to previous years	—	—
(2) of which, charges relating to previous years	253 998.64	111 198.42
(3) of which, income in respect of subsidiaries	198 579 850.89	193 630 183.81
(4) of which, charges in respect of subsidiaries	14 612 008.00	15 599 486.00

Solutions to exercises

A. Complete the following sentences

1. frais généraux
2. profits
3. bilan, compte de résultat
4. bilan
5. L'actif, le passif
6. exercice
7. le bilan
8. l'actif
9. le capital
10. L'actif

B. Under which specific subheading of the balance sheet would the following be found?

1. actif: immobilisations corporelles
2. actif: immobilisations incorporelles
3. passif: dettes à court terme
4. passif: dettes à long et moyen terme
5. passif: provisions pour pertes/risques et charges
6. passif: capitaux propres/capital et réserves
7. actif: valeurs réalisables et disponibles
8. actif: valeurs réalisables et disponibles
9. actif: valeurs réalisables et disponibles, créances
10. actif: valeurs d'exploitation, stocks et en-cours

C. Under which specific subheading of the profit and loss account would the following be found?

1. produits d'exploitation: stock
2. produits d'exploitation
3. produits d'exploitation
4. charges d'exploitation: achats
5. charges d'exploitation: frais généraux
6. charges d'exploitation: frais généraux
7. charges financières
8. produits financiers
9. charges d'exploitation: dotations
10. charges d'exploitation: frais généraux

D. How does the balance sheet differentiate between the following?

1. a= passif, b= actif
2. a= immobilisations incorporelles, b= immobilisations corporelles
3. a= valeurs d'exploitation, b= immobilisations corporelles
4. a= capitaux propres, b= dettes
5. a=dettes à long terme, b= dettes à court terme

E. Choose the right answer

1. (b)
2. (c)
3. (a)
4. (d)
5. (c)
6. (a)
7. (d)
8. (a)
9. (a)
10. (c)

Lexique
Vocabulary

Français — Anglais

A

à long terme long-term

à payer payable

à reporter carried forward

abonnement (*nm*) subscription {to newspaper, etc.}

accessoire (*a*) accessory. **frais —s:** incidental expenses

accessoires (*nm pl*) fixtures

accréditif (*a*) credit. **lettre accréditive:** letter of credit

accréditif (*nm*) letter of credit

achat (*nm*) purchase. **— au comptant:** cash purchase. **— à crédit/à terme:** purchase on credit, buying on hire purchase [on the instalment plan]. **journal/livre des —s:** bought ledger

acheter (*v*) to purchase

acompte (*nm*) deposit, down payment, instalment, advance {on salary}, payment on account. **— provisionnel:** advance payment. **— sur dividende:** interim dividend. **— de préférence:** option money

acte (*nm*) deed, instrument, agreement, certificate. **— de vente:** bill of sale, sale contract. **— hypothécaire:** mortgage deed

actif (*nm*) assets. **— circulant:** operational/current assets. **porter 10 francs à l' —:** to put 10 francs on the asset side. **— de roulement:** current assets. **— immobilisé:** fixed assets. **— liquide:** current assets. **— brut:** gross assets. **— net:** net assets.

— incorporel: goodwill, intangible assets. **valeur des —s:** asset value

action (*nf*) ordinary share {of SA}. **— préférentielle:** preference share. **— nominative:** registered share. **— libérée:** fully paid-up share

actionnaire (*nm/f*) shareholder [stockholder]

administrateur (*nm*) {non-executive} director {of company}

administratif (*a*) administrative, clerical

administration (*nf*) management

admis à la cote officielle d'une bourse de valeurs quoted

adresse (*nf*) address

affaires (*nf pl*) trade, business

affectation (*nf*) appropriation, earmarking for a purpose. **— hypothécaire:** mortgage charge

affranchissement (*nm*) postage

agencements (*nm pl*) fixtures and fittings

agent (*nm*) agent. **— commercial:** sales representative. **— comptable:** accountant. **— immobilier:** estate agent [realtor/real estate agent]. **— de change:** stock-broker

agio (*nm*) exchange premium, commission. **—s:** interest charges on overdrafts

agios (*nm pl*)**d'escompte** discount charges

aide (*nf*) aid, assistance, grant

aide-comptable (*nm*) assistant accountant

ajustement (*nm*) adjustment

allégement (*nm*) **— fiscal:** tax relief

allouer (*v*) to allocate a sum {for a purpose}, to allocate {shares}

aménagements (*nm pl*) fixtures and fittings

amende (*nf*) fine

amortir (*v*) to depreciate, to write off.
— {**progressivement**}: to write down.
— {**totalement**}: to write off

amortissement (*nm*) {amount written off for} depreciation, amortisation. — **fixe**: fixed depreciation.
— **constant/linéaire/en ligne droite**: straight-line depreciation

an (*nm*) year. **par —**: yearly

année (*nf*) year

annexe (*nf*) notes to the accounts

annonce (*nf*) advertisement

antérieur (*a*) previous

appareillage (*nm*) equipment

apparenté (*a*) related

appointements (*nm pl*) salary {monthly}

apport (*nm*) bringing in of assets. **—s en société**: capital invested. **capital d'—**: initial capital

apprentissage (*nm*) training. **taxe d'—**: training levy, {employers'} tax levied as a contribution to training schemes

approuver (*v*) to adopt/approve {a balance sheet}

approvisionnements (*nm pl*) supplies, stock

apurement (*nm*) **des comptes** auditing/agreeing {of accounts}. — **du passif**: discharge of all {or part} of one's debts

arbitraire (*a*) arbitrary

argent (*nm*) money

arrêter (*v*)/**clôturer** (*v*) **les livres** to balance the books. — **les comptes de l'exercice**: to close the yearly accounts

arrhes (*nf pl*) deposit, down payment, advance payment. **verser des —**: to pay a deposit, to give an advance

article (*nm*) entry, item {of a bill}

assemblée (*nf*) shareholders' meeting. — **générale ordinaire**: Annual General Meeting {AGM}. — {**générale**} **extraordinaire**: extraordinary general meeting {EGM}. — **générale d'actionnaires**: general meeting of shareholders

assimilé (*a*) corresponding, similar

assimiler (*v*) to put in the same category

associé (*nm*) partner. — **commanditaire**: limited partner.

— **commandité**: active partner.
— **passif**: sleeping partner

assurance (*nf*) insurance. **—s sociales**: National Insurance/Social Security.
— **vieillesse**: old age pension

au cours (*nm*) **du jour** (*nm*) market value

au cours (*nm*) **du marché** (*nm*) market value

autofinancement (*nm*) self-financing, ploughing back of profits. **marge brute d'—**: cash flow

autres (*a*) sundry

aval (*nm*) guarantee

avance (*nf*) advance, prepayment. **d'—**: in advance

avoir (*nm*) property, the credit side, credit note. — **fiscal**: tax credit {on dividends}. — **net**: net worth. **—s**: assets. **—s immeubles**: immovable assets. **—s visibles mobiliers**: movable tangible assets. **—s disponibles**: liquid assets. **doit et —**: debit and credit

avoué (*nm*) solicitor [attorney-at-law]

B

bail (*nm*) **baux** (*nm pl*) lease, leasehold. **prendre à —**: to take out a lease. **céder/donner à —**: to lease out. — **à loyer**: house-letting lease.
— **emphythéotique**: long {99 year} lease. **renouveler le —**: to renew the lease. **résilier un —**: to terminate a lease

bailleur (*nm*) lessor. — **de fonds**: money lender, sleeping partner {in partnership}.
— **de gage**: pawnbroker. — **et preneur**: lessor and lessee

baisse (*nf*) decrease. **les actions sont en —**: shares are falling

balance (*nf*) balance {of an account}.
— **d'ordre de vérification**: trial balance

bancaire (*a*) bank{ing}

banque (*nf*) bank. — **de données**: data bank

banques (*nf pl*) cash at bank

bâtiment (*nm*) building, premises

bénéfice (*nm*) gain, profit.
— **d'exploitation**: trading/operating profit. — **reporté**: accrued income.
— **sur ventes**: income from sales

bien (*nm*) possession, asset. **—s corporels**: tangible assets

bilan (*nm*) balance sheet. **dresser/établir/ faire un —**: to draw up a balance sheet

billion (*nm*) billion {10^{12}} [trillion]

boissons (*nf pl*) beverages, drinks

bon (*nm*) bond, bill, draft, note. **— au porteur**: bearer bond. **— nominatif**: registered bond. **— du Trésor**: Treasury bill. **— à vue**: sight draft

Bourse (*nf*) Stock Exchange

brevet (*nm*) patent, trade mark. **prendre un —**: to take out a patent

brut (*a*) gross {profit, value, weight etc.}. **marge —e**: gross margin. **recette —e**: gross receipts/gross returns

bureau (*nm*) office

C

cadeau (*nm*) gift

cadre (*nm*) manager, executive

caisse (*nf*) cash in hand, in cash. **— de retraite**: pension fund

calcul (*nm*) calculation

calculatrice (*nf*) {**électronique**} calculator

capital (*nm*) share capital. **capitaux propres**: shareholders'equity. **— social**: registered/authorised capital. **— circulant**: working/circulating capital. **— d'exploitation**: working capital [operating capital]

carburant (*nm*) fuel

cash flow (*nm*) cash flow

caution (*nf*) guarantee {for third party's debts}, security. **être — de qn/se porter — pour qn**: to stand surety for s.o. **fournir —**: to give security. **verser une —**: to pay a deposit

cent (*a*) one hundred

centaines (*nf pl*) hundreds

cession (*nf*) transfer, disposal {of fixed assets}. **faire — de**: to transfer, to assign. **— de bail**: leaseback/transference of lease. **— de parts**: stock transfer

change (*nm*) {foreign} exchange rate. **faire le —**: to exchange money. **opération de —**: foreign exchange transaction. **la cote des —s**: the exchange rates. **agent de —**: stock-broker

charge (*nf*) charge, expense.

charges (*nf pl*) expenditure, expenses, costs, outgoings, overheads, running costs. **— à payer**: deferred expenses. **— sociales**: welfare costs, National Insurance Contributions. **— à répartir**: deferred charges, deferred credit. **— fiscales**: tax burden.

chauffage (*nm*) heating

chèque (*nm*) cheque [check]

chevauchement (*nm*) overlapping

chiffre (*nm*) figure. **— d'affaires**: turnover [sales figures/revenue]

client (*nm*) client, customer. **comptes —s**: receivables

clôturer (*v*) to close {an account}

Code (*nm*) **Civil** civil law

Code (*nm*) **de Commerce** commercial law

comité (*nm*) committee, board

commande (*nf*) order. **bulletin de —**: order form

commerce (*nm*) commerce, trade. **Chambre de —**: Chamber of Commerce

commercial (*a*) commercial

commercialisation (*nf*) marketing

commissaire (*nm*) **aux comptes** auditor

commission (*nf*) commission, factorage, brokerage

compagnie (*nf*) company

comparaison (*nf*) comparison

compris (*a*) included. **toutes taxes —es**: inclusive of all taxes

comptabiliser (*v*) to make an entry, to enter {something} in the accounts

comptabilité (*nf*) book-keeping, accountancy, accounting. **— à/en partie double**: double-entry book-keeping. **— analytique des coûts variables**: direct cost accounting

comptable (*a*) accounting, accounts

comptable (*nm*) accountant, auditor. **— agréé**: chartered accountant [certified public accountant]. **expert —**: chartered accountant. **chef —**: chief accountant

compte (*nm*) account. **— bancaire**: bank account [banking account]. **— de pertes et profits**: appropriation account. **— de résultat**: profit and loss account. **— d'exploitation** {**générale**} : {general} trading account [operating account]. **— d'actif/comptes clients**: accounts receivable [receivables]. **— de passif/comptes fournisseurs**: accounts payable [payables] **— d'achats**:

purchase account. — **de caisse**: cash account. — **de ventes**: sales account. — **débiteur**: debit account. — **de régularisation actif**: prepayments. —**s annuels**: annual accounts.

compte-courant (*nm*) current account

concession (*nf*) concession

connexe (*a*) related, allied

conseil (*nm*) board, committee, council, meeting. **tenir** —: to hold a meeting. — **d'administration**: board of directors

consolidation (*nf*) consolidation {of accounts}, financing/funding {of floating debt}

consolidé (*a*) consolidated

constater (*v*) to work out, to calculate

constructeur (*nm*) property developer, builder

construction (*nf*) building

contentieux (*nm*) litigation, legal action. **bureau/service du** —: legal department {of company etc. }

contrat (*nm*) contract, agreement. — **de travail**: contract of employment [labor contract]

contrôler (*v*) to verify, to check, to audit {accounts}

convention (*nf*) contract, agreement, covenant

conversion (*nf*) translations {of currency}

convertible (*a*) convertible

convertir (*v*) to convert

correction (*nf*) correction

corriger (*v*) to correct

cotisation (*nf*) contribution. —**s sociales**: National Insurance and National Health contributions. — **à la Sécurité sociale**: National Insurance contributions

coupon (*nm*) coupon

courant (*a*) ordinary, standard. **compte** —: current account

cours (*nm*) 1. course, progression. **en** —: in progress. 2. price {securities}. rate {currency}. — **des devises/du change**: foreign exchange rate. **au** — **du marché**: market price.

court terme short-term

courtage (*nm*) broking/brokerage

coût (*nm*) cost. — **de revient**: purchase cost. — **de remplacement**: replacement value. — **assurance, fret {CAF}**: cost, insurance, freight {CIF}

créance (*nf*) credit {to customers}, debt, claim. **lettre de** —: letter of credit. — **hypothécaire**: mortgage loan.

créance (*nf*) **douteuse** doubtful debt

créancier (*nm*) creditor {holder of debt claim}

crédit (*nf*) credit. — **renouvelable/permanent/revolving**: revolving credit [revolver credit]

crédit-bail (*nm*) leasing agreement. — **mobilier**: equipment leasing

créditer (*v*) to credit

créditeur (*a*) **compte** —: account in credit. **solde** —: credit balance

créditeur (*nm*) creditor

D

débit (*nm*) debit

débiter (*v*) to debit

débiteur (*a*) debit. **compte** —: debit account

débiteur (*nm*) debtor

début (*nm*) beginning

déchet (*nm*) 1. loss/decrease {of weight, value, quantity}. — **de route**: loss in value {during transit, manufacture, etc. }. 2. —**s**: waste product, scraps, waste, refuse

déclaré (*a*) certified {balance sheet}

décompte (*nm*) discount {bills of exchange}. **faire le** —: to deduct something {from the price}, to make a deduction

déductible (*a*) deductible. — **de l'impôt**: tax deductible

déficit (*nm*) deficit, shortfall. **être en** —: to show a deficit. — **fiscal reportable**: tax loss

déficitaire (*a*) showing a deficit, loss-making

déjeuner (*nm*) lunch

dépenses (*nf pl*) expenditure, expenses

déplacement (*nm*) **frais de** —: travelling expenses

dépôt (*nm*) deposit {of money}

dépréciation (*nf*) depreciation, fall in value, write-down

déséquilibre (*nm*) — **de la balance commerciale**: unfavourable/adverse trade balance. — **financier**: financial imbalance/instability

détaillant (*nm*) trader, retailer

dette (*nf*) {*not debt*} liability. **—s à court terme**: current liabilities

dettes (*nf pl*) **actives** accounts receivable/ debts owed to us

devise (*nf*) currency

différence (*nf*) difference

différer (*v*) to defer, to postpone. **— l'échéance d'un effet**: to let a bill lie over

directeur (*nm*) manager [executive officer, executive manager]{of SA, i.e. not on board}, **— général**: general manager

direction (*nf*) board {of directors}, management

dirigeant (*nm*) executive, director, manager

disponibilités (*nf pl*) available assets

disponible (*a*) available, disposable. **actif —**: available/liquid/current assets

disposition (*nf*) provision

divers (*a*) sundry

divers (*nm pl*) sundries

dividende (*nm*) dividend. **avec —**: cum dividend [dividend on]

documentation (*nf*) documentation

doit (*nm*) debit, liability. **— d'un compte**: debit side of an account. **— et avoir**: debit and credit

domaine (*nm*) property

don (*nm*) donation

donner (*v*) **en location** to let out

dotation (*nf*) appropriation, endowment. **— aux comptes d'amortissements**: depreciation {as a charge}

douane (*nf*) customs

dresser (*v*) to draw up/to prepare {a balance sheet}

droit (*nm*) **d'auteur** copyright

droits (*nm pl*) duty, tax, fee

E

eau (*nf*) water rates

écart (*nm*) difference, variance. **— des bénéfices**: profit gap

échantillon (*nm*) sample

échéance (*nf*), **date d'—**: due date, maturity date, redemption date, settling day. **payable à —**: payable at maturity

échu (*a*) matured {bill}. **billets échus**: bills {over}due

écriture (*nf*) entry, item. **arrêter les —s**: to close the accounts. **passer une —**: to make an entry {in the books}

effectif (*nm*) manpower, personnel

effectuer (*v*) to carry out {a calculation}, to make, to effect {payment}, to incur {expenses}

effet (*nm*) bill. **— bancaire**: bank bill. **— de commerce**: bill of exchange. **— à vue**: sight bill. **— au porteur**: bearer bill. **—s publics**: government securities. **—s à recevoir**: bills receivable. **—s à payer**: bills payable. **—s mobiliers**: movables, personal effects.

électricité (*nf*) electricity

éléments (*nm pl*) **de l'actif** assets

emballage (*nm*) packaging

émis (*a*) issued {capital}

émission (*nf*) issue {of shares}

emprunt (*nm*) borrowing, loan {payable}. **— à long terme**: loan capital

en cours in progress

encaissement (*nm*) collection, receipt {of money or bills}, cashing {of cheque}

encaisser (*v*) to collect {money, bills}, to cash

endettements (*nm pl*) borrowings. **— à long terme**: long-term/deferred liabilities

engagement (*nm*) commitment, undertaking

engendrer (*v*) to generate

enregistrement (*nm*) registration

enseigne (*nf*) {shop} sign

entièrement libéré paid up, fully paid

entraide (*nf*) mutual assistance

entrée (*nf*) entry {in account books}. **—s**: goods received, takings/receipts

entreprise (*nf*) business, firm

entretien (*nm*) upkeep, maintenance {of property, machines}

équipement (*nm*) plant

erreur (*nf*) error, mistake. **marge d' —**: margin of error

escompte (*nm*) discount. **porté à l' —**: discounted. **porter/faire un —**: to allow a discount. **— {sur paiement} au comptant/— de caisse**: discount for cash

escompter (*v*) to discount {a bill}. **faire — une traite**: to have a bill discounted

essence (*nf*) petrol

établir (*v*) to draw up {a balance sheet}

établissement (*nm*) formation, setting up. **frais d'** —: initial outlay/investment/ expenditure, set-up/start-up costs

étape (*nf*) stage

État (*nm*) state. **l'— providence**: the welfare state

être bénéficiaire to show a profit

être déficitaire to show a loss

évaluation (*nf*) evaluation, valuation {of stock}

éventuel (*a*) possible, contingent. **passif** —: contingent liabilities

exceptionnel (*a*) **éléments —s**: extraordinary items. **profits exceptionnels/pertes exceptionnelles**: extraordinary items

exercice (*nm*) financial year, year's trading, accounting period. **— antérieur**: prior accounting period. **clôture d'un** —: year end. **— comptable**: company's financial year. **fin d'** —: year end

expansion (*nf*) expansion {of a firm}

expert-comptable (*nm*) chartered accountant [certified public accountant]

expertise (*nf*) professional/expert appraisal/(e)valuation. **frais d'** —: consultancy fee

exploitation (*nf*) running/operation {of company} , trading. **bénéfices d'** —: trading profits [operating profits]. **frais d'** —: working costs, running expenses [operating expenses]. **compte d'** —: trading account [operating report]

exploiter (*v*) to run/to operate {a business}

exportation (*nf*) export [exportation]

exposition (*nf*) exhibition/show {of goods}

extérieur (*a*) foreign/external {trade etc.}

extraordinaire (*a*) extraordinary. **assemblée {générale} —**: extraordinary {general} meeting. **frais/dépenses —s**: non-recurring expenditure

F

fabricant (*nm*) manufacturer

fabrication (*nf*) manufacture, production

facultatif (*a*) optional

facture (*nf*) invoice, bill {of sale}. **acquitter une** —: to pay a bill. **prix de** —: invoice [billing price]

faire (*v*) 1. to make. — **un paiement/un versement**: to make a payment 2. to do. — **des affaires avec qn**: to do business with s.o.

filiale (*nf*) subsidiary company, affiliated firm [affiliate]

fin (*nf*) end. — **courant**: the end of the {current} month

financier (*a*) financial

fiscal (*a*) fiscal. **exercice** —: financial year

fluctuation (*nf*) fluctuation

foire (*nf*) trade fair

foncier (*a*) **crédit** —: mortgage/loan {on property or land}. **Crédit** —: building society [Savings and Loan Association]. **impôt** —: tax on land and property

foncier (*nm*) land tax, property tax

fonds (*nm*) — **de commerce**: goodwill

fonds (*nm pl*) funds. — **de roulement**: working/operating capital. — **disponibles**: liquid assets. — **propres**: shareholders' equity. — **publics/d'État**: Government stock

formation (*nf*) training

formule (*nf*) **de procuration** proxy

fournisseur (*nm*) supplier, purveyor. **comptes —s**: accounts payable [payables]

fournitures (*nf pl*) supplies

fraction (*nf*) fraction

frais (*nm pl*) expenses, overheads, costs. — **généraux/indirects**: indirect costs. — **généraux directement imputables**: direct overheads, standing expenses. — **divers**: sundry/miscellaneous expenses. **tous — payés**: after costs. — **PTT**: postage charges

fusion (*nf*) merger

G

gage (*nm*) security

gagé (*a*) pledged. **créance —e**: secured loan

garantie (*nf*) 1. guarantee {for goods sold} [waranty] 2. guarantee/pledge {of execution of contract}. — **accessoire**: collateral {security}

gaz (*nm*) gas

gérant (*nm*) manager {of SARL}

gestion (*nf*) management

groupe (*nm*) group {of companies}

H

hausse (*nf*) increase. **les prix sont à la —:** prices are going up

honoraires (*nm pl*) fees

hors taxes exclusive of tax

hypothèque (*nf*) mortgage

I

immeuble (*a*), **biens —s:** real estate, property, immovables

immeuble (*nm*) 1. real estate, landed property [realty] 2. building

immobilier (*a*), **biens —s:** real estate [realty]

immobilier (*nm*) real estate, realty, immovables

immobilisations (*nf pl*) **— corporelles:** tangible assets, fixed assets, capital assets. **— incorporelles:** intangibles, intangible fixed asset, goodwill

impayé (*a*) unpaid {debt, bill}

impayés (*nm pl*) outstanding payments

importation (*nf*) importing {of goods}. **droit d' —:** import duty

impôt (*nm*) tax, duty. **avant —:** before tax. **après —:** after tax. **— foncier:** tax on land/property. **— sur les sociétés:** corporation tax [corporate/corporation income tax]. **— sur les bénéfices {des sociétés}:** profit tax. **— sur le chiffre d'affaires:** turnover tax. **— sur le revenu:** income tax. **—s locaux:** Council tax, rates. **— du timbre:** stamp duty

imputable (*a*) **à** chargeable, attributable, to. **frais —s sur un compte:** expenses chargeable to an account

incendie (*nf*) fire. **assurance contre l' —:** fire insurance

indice (*nm*) **— de la Bourse/des actions:** share index

informatique (*nf*) data processing, information processing

informatisation (*nf*) computerisation

informatiser (*v*) to computerise

installation (*nf*) plant. **—s:** fixtures and fittings

intégral (*a*) entire, complete. **paiement —:** payment in full. **libération —e d'une action:** payment in full of a share

intérêt (*nm*) interest. **—s composés:** compound interest. **— couru:** accrued

interest. **—s échus:** outstanding interest, interest due/payable. **— accumulés/acquis:** accrued interest. **—s minoritaires:** minorities. **taux d'—:** interest rate

intermédiaire (*nm*) agent

inventaire (*nm*) inventory, valuation {of investments, securities}, stocklist, stocktaking [inventory]. **faire/dresser un —:** to draw up an inventory. **— comptable:** book inventory. **— de fin d'année:** accounts for/to the end of the financial year. **livre d' —:** balance book

investissement (*nm*) investment. **société d' —s:** investment company. **société d' —s à capital fixe:** closed-ended investment company. **société d' —s à capital variable/SICAV:** open-end investment company, unit trust [mutual fund]

irrécouvrable (*a*) non-recoverable

J

jeton (*nm*) **de présence** director's fees

L

leasing (*nm*) lease financing

lexique (*nf*) lexis

libellé (*nm*) **de compte** name of account

licence (*nf*) licence [license]

linéaire (*a*) **mode/méthode {d'amortissement} —** : straight line {depreciation} method

liquidité (*nf*) liquidity. **—s:** liquid assets

litige (*nm*) litigation, lawsuit, dispute

livres (*nm pl*) **comptables** books of account, ledger

local (*nm*) **— à usage commercial:** commercial premises. **— d'habitation:** domestic premises

locataire (*nm*) tenant. **— {à bail}:** lessee/lease-holder

locatif (*a*) **impôts —s:** rates/council tax. **revenu —:** rental income

location (*nf*) hire. **location-vente:** hire purchase

locaux (*nm pl*) business premises

logement (*nm*) accommodation

loi (*nf*) law. **— sur les sociétés:**

Companies' Act [corporation/corporate law]

long terme long-term

louer (*v*) to hire out, to let out

loyer (*nm*) rent, rental. **le — de l'argent**: the rates of interest {for money on loan}

lubrifiant (*nm*) lubricant

M

machines (*nf pl*) machinery

magasin (*nm*) shop [store]

magasinage (*nm*) warehousing

majoration (*nf*) overvaluation, overestimation {of assets}, additional charge/surcharge

mandat (*nm*) money order

marchandises (*nf pl*) goods

matériel (*nm*) machinery, plant, equipment. **— de transport**: motor vehicles. **— de bureau**: office equipment

matières (*nf pl*) materials. **— premières/de base**: raw materials

mécanographique (*a*) automatic. **service —**: data processing department

médecine (*nf*) medicine

ménage, femme (*nf*) **de** cleaner

meubles (*nm pl*) furniture

mille (*a*) one thousand

milliard (*nm*) a thousand million [billion]

millier (*nm*) thousand {or so}

million (*nm*) million

mission (*nf*) assignment, task

mobilier (*a*) movable, transferable. **cote mobilière**: assessment on income/property. **biens —s**: movables, personal estate, personalty. **valeurs mobilières**: transferable securities, stocks and shares

mobilier (*nm*) furniture, movables

mobilisation (*nf*) **de fonds** raising of money, realisation {of capital}

mode (*nm*) method. **— d'emploi**: directions for use, instructions. **— de paiement**: method of payment

moins (*adv*) less

moins-perçu (*nm*) amount due and not received, short payment

moins-value (*nf*) depreciation, capital loss

monétaire (*a*) monetary

montant (*nm*) amount, total amount {of

account, bill}, proceeds {of sale}

moyen terme (*nm*) medium term

N

négatif (*a*) negative

négociable (*a*) negotiable, transferable {bill, bond, cheque}, marketable

net(te) (*a*) net

nominal (*a*) nominal. **capital —**: nominal capital, authorised capital. **valeur —**: nominal value, par value [face amount {of bill}]

non admis à la cote officielle d'une bourse de valeurs unquoted

O

obligation (*nf*) bond, debenture

obtenir (*v*) to obtain

offre (*nf*) **publique d'achat** takeover bid {cash}

offre (*nf*) **publique d'échange** takeover {securities}, exchange offer

ordinaire (*a*), **actions —s**: ordinary shares [common stock]

organe (*nm*) instrument, medium. **— distributeur**: distributing agency

outillage (*nm*) plant, equipment, machinery, tools {of factory}

ouvrier (*nm*) worker, workman, operative

P

paie (*nf*) pay, wages

parking (*nm*) car park

part (*nf*) share {of SARL or partnership}

participation (*nf*) share/interest {in}, {part of} ownership {in a company}, holding, associated company. **entreprise en —**: joint venture. **— aux bénéfices**: profit-sharing. **la — ouvrière**: worker participation. **— des travailleurs aux bénéfices**: profit-sharing scheme. **participation des salariés aux fruits de l'expansion**: earnout. **— majoritaire**: majority holding, controlling interest. **— minoritaire**: minority holding, minority interest

partie (*nf*) part. **comptabilité en — double**: double-entry book-keeping. **comptabilité en — simple**: single-entry book-keeping. **les —s contractantes**: the

contracting parties. **les —s concernées**: the interested parties. **faire**
— intégrante de: to be an integral part of

passer (*v*) **une écriture** to make an entry

passif (*nm*) liabilities. **— exigible**: current liabilities

patente (*nf*) licence {to exercise a trade or profession}, trading dues

patenté (*a*) licensed {trader}

patrimoine (*nm*) property, patrimony

payé (*a*) paid

PDG {Président Directeur Général} chairman {Board of Directors}

pénalité (*nf*) penalty

pension (*nf*) pension, allowance. **— sur l'État**: government pension. **— de retraite**: retirement pension

percevoir (*v*) to collect {taxes, rent}. to levy {taxes}. **cotisations à —**: contributions still due. **— des intérêts**: to receive interest

période (*nf*) **comptable** financial, accounting period

personnel (*nm*) personnel, staff

perte (*nf*) loss

pertes et profits compte de —: appropriation account [profit and loss statement]

pièce (*nf*) **détachée** component

pièce (*nf*) **de rechange** spare part

placement (*nm*) investment. **titres de —**: investments

plaquette (*nf*) **annuelle** report and accounts

plus-value (*nf*) increase in value, appreciation {of property, shares}, capital gain

pointer (*v*) to tick off/to check an account. **— les articles d'un compte**: to tick off the items in an account

portefeuille (*nm*) portfolio

porter (*v*) **à l'actif** capitalise {expenses to assets}

porteur (*a*) **titre au —**: bearer bond, negotiable instrument

positif (*a*) positive

postal (*a*) postal

poste (*nm*) entry, heading

pour cent per cent

prélèvement (*nm*) deduction in advance {sur: from}. **— fiscal**: taxation.

— social: National Insurance contribution

président (*nm*) chairman

prestation (*nf*) benefit, service. **—s familiales**: family state benefit. **—s sociales**: social security benefit

prêt (*nm*) loan {receivable}

prévision (*nf*) allowance

prime (*nf*) bonus, premium, subsidy, allowance. **— d'émission**: share premium {paid for in cash}. **— de fusion**: share premium {on merger}. **— d'apport**: share premium {paid for in assets}

prix (*nm*) price. **— de revient**: cost price. **— d'achat**: purchase cost

procès-verbal (*nm*) report, proceedings, minutes {of meeting}

production (*nf*) production, output

produits (*nm pl*) goods, products, proceeds, revenue. **— ouvrés/semi-ouvrés**: finished/semi-finished goods. **— finis**: finished goods. **— en cours**: work in progress

profit (*nm*) profit. **—s mis en réserve**: capital reserves

provision (*nf*) provision, reserve. **— pour impôt différé**: deferred tax provision. **— pour créances douteuses**: reserve for bad debts, loan-loss provision

publicité (*nf*) publicity, advertising

Q

quittance (*nf*) receipt

R

rabais (*nm*) discount, reduction {in price}. **5 francs de —**: reduction of 5 francs. **vendre qch. au —**: to sell sth. at a discount [at cut-rate prices]

raison (*nf*) **sociale** company or firm name

rapport (*nm*) report. **— cours/bénéfice**: p/e ratio. **— des commissaires aux comptes**: auditors' report. **— intérimaire**: interim report. **— annuel**: report and accounts

rattaché (*a*) related

réalisable (*a*) realisable, available. **actif —**: current/liquid assets

réaliser (*v*) to realise, to make {a purchase,

a sale, a profit}, to conclude {a contract}

réception (*nf*) receipt {of letter, order}

recette (*nf*) receipts, returns, takings, expenditure and income. **—s brutes**: gross takings/earnings. **—s fiscales**: tax revenue

recevoir, à receivable. **effets à —**: bills receivable

recherche (*nf*) **et développement** (*nm*) research and development

récupérable (*a*) returnable

récupérer, à recoverable

recyclage (*nm*) retraining {of staff}, recycling, re-processing

redevance (*nf*) royalty, tax, dues, fees, TV or radio licence fee

réévaluation (*nf*) revaluation {of currency}. **— de l'actif {d'une entreprise}**: revaluation of the assets {of a company}

régie (*nf*) state-owned company, public corporation

réglementé (*a*) statutory

régularisation (*nf*) equalisation {of dividends}, adjustment. **écriture de —**: adjusting entry

relevé (*nm*) **de compte** account sheet, statement

remboursement (*nm*) redemption {of annuity}, reimbursement, repayment, refund

remise (*nf*) 1. remission {of debt, tax} 2. remittance, commission {paid to agent}, discount, rebate. **— d'usage**: trade discount

rémunération (*nf*) remuneration, payment

rendement (*nm*) yield, return, profit {on transaction}, earnings {of shares} [payoff]

rentabilité (*nf*) profitability

renvoi (*nm*) 1. sending back {of goods, letter} 2. reference {to a note in the accounts}

réparation (*nf*) repair

répartition (*nf*) allotment {of shares}, distribution {of dividend}

report (*nm*) **à nouveau** amount carried forward, balance to next account

reporté à nouveau carried forward

reprise (*nf*) taking back, part exchange, recovery. **marchandises en dépôt avec — des invendus**: goods on sale or return

réserve (*nf*) reserve. **— de prévoyance** (*nf*): contingency reserve. **— légale**: legal reserve

ressources (*nf pl*) **et emplois** (*nm pl*) **des fonds** source and application of funds

résultat (*nm*) result. **— de l'exercice**: statement of income, income statement. **— d'exploitation**: trading results [operating result]

retenue (*nf*) deduction, {**sur**: from}

revente (*nf*) 1. resale 2. selling out. **— de titres**: selling out of stock

revenu (*nm*) revenue, income

révision (*nf*) audit

risque (*nm*) risk

ristourne (*nf*) rebate, discount, refund, return {of amount overpaid}. **faire une —**: to give a discount

rubrique (*nf*) heading

S

salaire (*nm*) wages, pay. **bulletin de —**: salary advice, pay slip

salarié (*nm*) employee

Sécurité (*nf*) **sociale** Social Security, National Insurance

semi-fini (*a*) {product} semi-finished, unfinished

semi-ouvré (*a*) {product} semi-finished, unfinished

siège (*nm*) **social** head office, registered office {of a company}

social (*a*) {relating to the company}. **année —e**: company's trading year

société (*nf*) company. **— anonyme {SA}**: public limited company. **— à responsabilité limitée, SARL**: private limited company. **— en commandite {par actions}**: limited partnership {with share certificates}. **— mère**: parent/holding company. **— en nom collectif**: partnership. **— anonyme par actions**: joint-stock company [incorporated company]

solde (*nm*) balance, outstanding balance. **— créditeur /débiteur**: credit/debit balance

solvabilité (*nf*) solvency

sortie (*nf*) **de l'actif** disposal {of fixed assets}

source (*nf*) source

sous-évalué (*a*) undervalued

sous-traitance (*nf*) subcontracting

sous-traitant (*nm*) subcontractor

sous-traité (*nm*) subcontract

spécial (*a*) special

stagiaire (*nm*) training {period}, trainee

statuts (*nm pl*) {memorandum and} articles {of association} of a company

stockage (*nm*) stocking, storage

stocks (*nm pl*) stocks [inventories]

structure (*nf*) structure. **— des coûts**: cost structure. **— de l'entreprise** : corporate/company structure. **— du marché**: market structure. **— de(s) prix**: price structure. **— des salaires**: wage structure

subvention (*nf*) subsidy, grant

sûreté (*nf*) {on loan} surety, security, guarantee

surévalué (*a*) overvalued

survaleur (*nf*) goodwill

symbole (*nm*) symbol

syndicat (*nm*) trade union [labor union]

T

tableau (*nm*) **de financement** statement of source and application of funds

taux (*nm*) rate. **— d'amortissement**: rate of depreciation. **— de change**: exchange rate

taxe (*nf*) tax, duty, fixed/controlled price, charge, rate. **— forfaitaire**: flat rate. **— postale**: postage. **— supplémentaire**: surcharge. **— sur le chiffre d'affaires**: turnover tax. **— parafiscale/exceptionnelle**: exceptional tax. **— professionnelle**: business licence. **— sur la valeur ajoutée {TVA}**: value-added tax [sales tax]. **hors —s {HT}**: exclusive of tax. **toutes —s comprises {TTC}**: inclusive of tax.

télécopie (*nf*) facsimile, fax

télécopieur (*nm*) fax machine

téléphone (*nm*) telephone

télex (*nm*) telex {machine}

teneur (*nm*) **de livres** book-keeper

tenir les livres (*nm pl*) **en partie simple/double** single/double entry book-keeping

tenue (*nf*) **des livres** book-keeping

terme (*nm*) **opérations à —** : forward deals/trading, futures. **marché à —**: futures/forward market. **à court/long —**: short/long term. **le —**: the settlement

terrain (*nm*) land

terrains (*nm pl*) land

tiers (*nm*) third party. **— porteur**: second endorser {of a bill}. **assurance au —/ assurance vis-à-vis des tiers**: third-party insurance. **— bénéficiaire**: beneficiary {of a cheque, of a bill of exchange}. **— provisionnel**: interim tax payment {equal to one third of tax paid in the previous tax year}. **— souscripteur**: third-party subscriber.

timbre (*nm*) stamp. **— fiscal**: revenue stamp

titre (*nm*) security, stock. **— de rente**: government security. **— au porteur**: bearer security. **—s de participation**: shares/investments in subsidiary and associated companies. **— de placement**: investment securities

toutes taxes comprises {TTC} inclusive of tax

traduction (*nf*) translation

traite (*nf*) bill {of exchange}, draft. **— avalisée**: guaranteed bill. **— à terme**: time draft. **— à vue**: sight bill. **encaisser une —**: to collect a bill: **tirer une —**: to draw a bill. **escompter une —**: to discount a bill

traitement (*nm*) salary {monthly}

transfert (*nm*) transfer

transport (*nm*) transport, transfer {from one account to another}

travail (*nm*) work

travaux (*nm pl*) **en cours** work in progress

Trésor (*nm*) **public** {French} Treasury

Trésorerie (*nf*) the Treasury

TVA VAT

U

usinage (*nm*) tooling

usine (*nf*) factory, works, plant

usure (*nf*) wear and tear {of machinery}

V

valeur (*nf*) 1. value, price, bill of exchange, asset. **— actuelle**: current value.

— **marchande**: market value. — **au pair/nominale**: par value. — **comptable**: book value. — **de mitraille** (*nf*): scrap value. — **de remise** (*nf*): trade-in value. 2. —**s**: stocks and shares, securities. —**s immobilières**: real property shares. —**s mobilières**: stocks and shares, transferable securities. —**s mobilières de placement**: quoted investment. —**s immatérielles**: intangible assets. 3. —**s d'exploitation**: stocks [inventories]

valorisation (*nf*) valuation

variable (*a*) variable

variation (*nf*) change

véhicule (*nm*) vehicle

vendre (*v*) to sell

vente (*nf*) sale. —**s**: turnover. —**s brutes**: gross sales

vérification (*nf*) audit

vérifier (*v*) to audit

versement (*nm*) payment

verser (*v*) to pay {in}, to deposit {money}

vêtement (*nm*) clothing

vignette (*nf*) road fund licence

vol (*nm*) theft. **assurance** —: insurance against theft

W

warrant (*nm*) warrant

English — French

A

accommodation 1. logement (*nm*) 2. prêt (*nm*) {à court terme}. — **bill**: billet (*nm*), effet (*nm*), traite (*nf*)

account {book-keeping} compte (*nm*) propre/personnel. — **book**: livre (*nm*) de comptes, registre (*nm*) de comptabilité. **to keep the** —**s**: tenir les livres (*nm pl*) {bank} **bank** [banking] —: compte (*nm*) bancaire. **current** —: compte courant

accountancy comptabilité (*nf*), expertise (*nf*) comptable

accountant comptable (*nm*), agent (*nm*) comptable. **chief** —: chef (*nm*) de la comptabilité/chef comptable. **chartered** — [**certified public** —]: expert comptable

accounting comptabilité (*nf*), expertise (*nf*) comptable

accounting period exercice (*nm*)

accounts {annual} comptes (*nm pl*) de clôture/de fin d'exercice, rapport (*nm*) annuel

accounts department (service (*nm*) de) la comptabilité

account statement relevé (*nm*) de compte

accrued couru, accumulé (*a*). — **charges/ expenses**: effets (*nm pl*) à payer, frais (*nm pl*) accumulés. — **income**: intérêts (*nm pl*) courus non échus, bénéfice (*nm*) reporté

address adresse (*nf*)

adjustment ajustement (*nm*). **tax** —: redressement (*nm*) fiscal

adopt/approve, to {a balance sheet} approuver (*v*)

advance avance (*nf*). **in** —: d'avance. — {on salary}: acompte (*nm*). — **payment**: provision (*nf*), arrhes (*nf pl*)

advertisement annonce (*nf*)

agent intermédiaire (*nm*), agent (*nm*), représentant (*nm*)

aid aide (*nf*)

allocate {a sum} allouer (*v*), affecter (*v*), assigner (*v*)

allowance remise (*nf*), rabais (*nm*), déduction (*nf*), concession (*nf*). **relocation** —: prime (*nf*) de déplacement

amount somme (*nf*), montant (*nm*)

annual general meeting assemblée (*nf*) générale annuelle

appreciation appréciation (*nf*), augmentation (*nf*)/hausse (*nf*) de valeur, valorisation (*nf*), plus-value (*nf*)

appropriation dotation (*nf*), affectation (*nf*) de fonds

arbitrary arbitraire (*a*)

articles {of limited company} statuts (*nm pl*)

asset bien (*nm*)

assets {in balance sheet} {balance sheet heading} actif (*nm*). {items on balance sheet} éléments (*nm pl*) d'actif. **bringing in of** —: apport (*nm*)

assistant accountant aide (*nm*) comptable

assignment 1. cession (*nf*)/transfert (*nm*) {de biens, de dettes} 2. mission (*nf*)

associate(d) company société (*nf*) affiliée, participation (*nf*)

attributable, — **profits**: bénéfices (*nm*) distribuables. — **to**: imputable (*a*) à

audit révision (*nf*)/apurement (*nm*) des comptes, vérification (*nf*) comptable

audit, to vérifier (*v*)/apurer (*v*)/ examiner (*v*) {les comptes}

auditor commissaire (*nm*) aux comptes

auditors' report rapport (*nm*) des commissaires aux comptes

automatic mécanographique (*a*)

available disponible (*a*). — **assets**: disponibilités (*nf pl*)

B

balance {on an account} solde (*nm*), balance (*nf*). **unfavourable/adverse trade** —: déséquilibre (*nm*) de la balance (*nf*) commerciale. — **book**: livre (*nm*) d'inventaire (*nm*). — **sheet**: bilan (*nm*). **to** — **the books**: arrêter (*v*)/clôturer (*v*) les livres

bank banque (*nf*)

bank{ing} bancaire (*a*)

bearer bill effet (*nm*) au porteur

bearer bond obligation (*nf*), titre (*nm*) au porteur

bearer share action (*nf*) au porteur

beginning début (*nm*)

beneficiary {of a cheque [check]/bill of exchange} tiers bénéficiaire (*nm*)

benefit prestation (*nf*), indemnité (*nf*), allocation (*nf*)

beverages boissons (*nf pl*)

bill effet (*nm*), traite (*nf*). **— of exchange:** lettre (*nf*) de change, traite, effet bancaire. **—s receivable:** effets à recevoir. **—s payable:** effets à payer

billion milliard (*nm*)

board of directors {managing} conseil (*nm*) d'administration, {supervisory} conseil de surveillance, {one-tier structure} directoire

bond obligation (*nf*), bon (*nm*)

bonus prime (*nf*). **— share:** action (*nf*) gratuite, action d'attribution, action donnée en prime

book-keeper aide-comptable (*nm& nf*), teneur (*nm*) de livres

book-keeping comptabilité (*nf*), tenue (*nf*) des livres comptables

book value valeur (*nf*) comptable

books of account livres (*nm pl*) comptables

borrowings endettements (*nm pl*), {loan payable} emprunt (*nm*)

brokerage courtage (*nm*)

brought forward à reporter, report (*nm*) à nouveau, report

builder constructeur (*nm*)

buildings constructions (*nf pl*), bâtiments (*nm pl*), immeubles (*nm pl*)

burglary vol (*nm*)

business {activity} les affaires (*nf pl*), entreprise (*nf*)

C

calculation calcul (*nm*)

calculator calculatrice (*nf*) {électronique}

capital capital (*nm*). **— gains:** plus-value (*nf*). **— loss:** moins-value (*nf*). **— invested:** apports (*nm pl*) en société. [capital stock]: capital social, capital-actions. **paid-up —:** capital versé

capitalise {expenses to assets} porter (*v*) à l'actif

car park parking (*nm*)

carried forward report/reporté à nouveau. **to be —:** à reporter

cash caisse (*nf*). **— account:** compte(*nm*) de caisse. **— at bank:** banques (*nf pl*). **— in hand, in —:** caisse. **— flow:** cash flow (*nm*), autofinancement (*nm*)

certificate, bearer —: titre (*nm*) au porteur

certified {balance sheet} déclaré (*a*). **— as a true copy:** copie (*nf*) certifiée conforme. [certified letter]: lettre (*nf*) recommandée

chairman président (*nm*), PDG (*nm*)

change variation (*nf*) {de prix}

charge frais (*nm pl*)

chartered accountant comptable (*nm*) agréé, expert-comptable (*nm*)

charwomen femmes (*nf pl*) de ménage

cheque chèque (*nm*)

chief accountant chef comptable (*nm*)

[Chief Financial Officer] chef comptable (*nm*)

clerical administratif (*a*) **— error:** erreur (*nf*) d'écriture

client client (*nm*)

close, to {an account} clôturer (*v*)/arrêter {un compte}

clothing vêtements (*nm pl*)

collect, to {taxes} percevoir, lever, recouvrer. **— a debt:** recouvrer/récupérer/faire rentrer une créance (*nf*)

collection {of payment} encaissement (*nm*)

commercial commercial (*a*)

commercial law Code (*nm*) de Commerce

commission commission (*nf*), pourcentage (*nm*)

commitment engagement (*nm*)

committee comité (*nm*), conseil (*nm*)

company société (*nf*), compagnie (*nf*). **— name:** raison (*nf*) sociale. **— structure:** structure (*nf*) de l'entreprise (*nf*)

comparison comparaison (*nf*)

complete intégral (*a*)

component pièce (*nf*) détachée

computerisation informatisation (*nf*)

computerise, to informatiser (*v*)

computing informatique (*nf*)

consideration, for a —: moyennant paiement (*nm*)

consolidated consolidé (*a*)

consolidation consolidation (*nf*)

contingent éventuel (*a*) **— liability:** {élément (*nm*) de} passif éventuel

contract contrat (*nm*), convention (*nf*)

contracting parties parties (*nf pl*) contractantes

contribution cotisation (*nf*). — **still due**: cotisation à percevoir. — **to the capital of a company**: apport (*nm*) d'actif

conversion {**convertible debentures, foreign currencies**} conversion (*nf*)

convert, to convertir (*v*)

convertible convertible (*a*)

copyright droit d'auteur (*nm*)

corporation tax impôt (*nm*) sur les sociétés

correct, to corriger (*v*)

correction correction (*nf*)

corresponding {**similar**} assimilé (*a*)

cost coût (*nm*). **purchase/actual/net** —: prix (*nm*) de revient/prix d'achat. — **price**: prix coûtant. —**s**: frais (*nm pl*), charges (*nf pl*). **after** —**s**: tous frais payés. — **accounting**: comptabilité (*nf*) analytique

council conseil (*nm*), assemblée (*nf*)

coupon coupon (*nm*). **cum** —: coupon attaché. **ex** —: coupon détaché

credit {**side of balance sheet**} passif (*nm*), avoir (*nm*). {**bookkeeping**} crédit (*nm*), accréditif (*a*). **balance**: solde (*nm*) créditeur. **to**—: créditer (*v*)

creditor créancier (*nm*), créditeur (*nm*). —**s**: dette passive

currency devise (*nf*)

current account compte (*nm*) courant

current assets actif (*nm*) réalisable et disponible, actif circulant, actifs de roulement, actif liquide

current liabilities passif (*nm*) exigible, exigibilités (*nf pl*), dettes (*nf*) à court terme

current value valeur (*nf*) actuelle

customs douane (*nf*)

D

data processing informatique (*nf*)

data processing department service (*nm*) informatique/mécanographique

debenture obligation (*nf*)

debit {**bookkeeping**} doit (*nm*), débit (*nm*), débiteur (*a*). — **account**: compte (*nm*) débiteur. — **balance**: solde (*nm*) débiteur. **to** —: débiter (*v*)

debt créance (*nf*) {*not dette = liability*}

debtor débiteur (*nm*). —**s**: dette active

decrease diminution (*nf*), baisse (*nf*)

deductible déductible (*a*)

deduction prélèvement (*nm*), retenue (*nf*) {**from**: sur}

deed acte (*nm*)

defer, to différer (*v*)

deferred, — **charges**: frais (*nm pl*) reportés/différés. — **expenses**: charges (*nf pl*) à payer. — **tax provision**: provision (*nf*) pour impôt différée

deficit déficit (*nm*). **to be in** —: être en déficit, être déficitaire

deposit {**bank**} dépôt (*nm*), {**for contract**} arrhes (*nf pl*), {**part payment**} acompte (*nm*)

depreciate, to {**e.g. equipment**} amortir (*v*)

depreciation {**e.g. of shares**} moins-value (*nf*), baisse (*nf*), {**book-keeping; provision**} amortissement (*nm*), {**book-keeping; charge**} dotation (*nf*) aux comptes d'amortissement. **rate of** —: taux (*nm*) d'amortissement

difference différence (*nf*), écart (*nm*)

director administrateur (*nm*). —**'s fees**: jeton (*nm*) de présence

direct overheads frais (*nm pl*) généraux directement imputables

discount remise (*nf*), rabais (*nm*). {**bills of exchange**} décompte (*nm*). — **of 5 francs**: 5 francs de rabais. **to** —: escompter (*v*). **to give a** —: faire une ristourne (*nf*). — **charges**: agios (*nm pl*) d'escompte. **to** — **a draft**: escompter une traite

discounted porté à l'escompte (*nm*)

disposal {**of fixed assets**} sortie (*nf*) de l'actif, cession (*nf*)

dispute, commercial —: litige (*nm*) commercial

distributing agency organe (*nm*) distributeur

distribution {**of dividends**} répartition (*nf*)

dividend dividende (*nm*)

documentation documentation (*nf*)

donation don (*nm*)

double entry book-keeping tenir les livres (*nm pl*) en partie double, comptabilité (*nf*) à/en partie double

doubtful debt créance (*nf*) douteuse

draft traite (*nf*). **to draw a** —: tirer une traite (*nf*)

draw up, to {**a balance sheet**} dresser (*v*), établir (*v*)

duty droit (*nm*)

E

earnout participation (*nf*) des salariés aux fruits de l'expansion

electricity électricité (*nf*)

employee salarié (*nm*), employé (*nm*)

end fin (*nf*)

endowment dotation (*nf*)

entire intégral (*a*)

entry passation (*nf*) d'écriture (*nf*), inscription (*nf*), écriture (*nf*), article (*nm*), entrée (*nf*), poste (*nm*). **to make an —:** comptabiliser/passer une écriture

equalisation régularisation (*nf*). **exchange — account:** fonds (*nm*) de stabilisation des changes

equipment outillage (*nm*), matériel (*nm*), appareillage (*nm*)

equity capital capital-actions (*nm*)

error erreur (*nf*)

estate agent agent (*nm*) immobilier

exchange {foreign — } change (*nm*). **to — money:** faire (*v*) le change. **foreign — transaction:** opération (*nf*) de change. **— rates:** la cote (*nf*) des changes, taux (*nm*) de change. **— premium/commission:** agio (*nm*)

excluding tax hors taxes

exhibition exposition (*nf*)

expansion expansion (*nf*)

expenditure frais (*nm pl*), charges (*nf pl*)

expenses frais (*nm pl*), charges (*nf pl*)

exports exportations (*nf pl*)

external extérieur (*a*)

extraordinary — items: pertes et profits exceptionnels, éléments exceptionnels

F

factory usine (*nf*)

fair foire (*nf*)

family state benefit service (*nm*) prestations (*nf pl*) familiales

fax télécopie (*nf*). **— machine:** télécopieur (*nm*)

fees {of consultant, lawyer} honoraires (*nm pl*), **{of director}** jeton (*nm*) de présence

figure chiffre (*nm*)

financial financier (*a*) **— imbalance/instability:** déséquilibre (*nm*) financier

financial year exercice (*nm*)

fine amende (*nf*)

finished goods produits (*nm pl*) finis

fire incendie (*nf*)

fiscal fiscal (*a*)

fittings agencements (*nm pl*)

fixed assets immobilisations (*nf pl*), actif (*nm*) immobilisé

fixtures and fittings agencements (*nm pl*), aménagements (*nm pl*), installations (*nf pl*)

fluctuation fluctuation (*nf*)

formation expenses: frais (*nm pl*) d'établissement (*nm*)

forward market marché (*nm*) à terme

fraction fraction (*nf*)

fuel carburant (*nm*)

fully paid {shares} entièrement libéré

fund raising collecte (*nf*), mobilisation (*nf*) de fonds

funds fonds (*nm pl*)

furniture {movables} mobilier (*nm*), meubles (*nm pl*)

G

gas gaz (*nm*)

general trading account compte (*nm*) d'exploitation générale

generate engendrer (*v*)

gift don (*nm*), cadeau (*nm*)

goods marchandises (*nf pl*), produits (*nm pl*), denrées (*nf pl*)

goodwill {on consolidation} fonds de commerce (*nm*), survaloir (*nm*), survaleur (*nf*), goodwill (*nm*), éléments (*nm pl*) incorporels, immobilisation (*nf*) incorporelle

government security effet (*nm*) public

gross brut (*a*)

group groupe (*nm*)

guarantee {on bill} aval (*nm*), **{for goods sold}** garantie (*nf*), **{for third party's debts}** caution (*nf*)

H

heading rubrique (*nf*), poste (*nm*)

heating chauffage (*nm*)

heritage patrimoine (*nm*)

hire location (*nf*). **to —:** louer (*v*). **— purchase:** location-vente (*nf*)

holding {in a subsidiary} participation (*nf*)

holding company holding (*nm*), société (*nf*) mère, société de contrôle

hundreds centaines (*nf pl*)

I

immovable assets biens (*nm*)/avoirs (*nm*) immeubles

import importation (*nf*)

included compris (*a*)

inclusive of tax toutes taxes (*nf pl*) comprises

income revenu (*nm*). — **tax**: impôt (*nm*) sur le bénéfice

increase augmentation (*nf*). hausse (*nf*)

indirect costs frais (*nm pl*) indirects, charges (*nf*) indirectes, frais généraux

in progress en cours

instructions mode (*nm*) d'emploi

instrument organe (*nm*). **negotiable** —: effet (*nm*) de commerce, titre (*nm*) au porteur

insurance assurance (*nf*)

intangible fixed assets immobilisations (*nf pl*) incorporelles

intangibles immobilisations (*nf pl*) incorporelles

integral, to be an — **part of**: faire partie (*nf*) intégrante de

interest intérêts (*nm pl*). **accrued** —: intérêts échus/accumulés/acquis. **to receive** —: percevoir des intérêts. **compound** —: intérêt composé

interested parties parties (*nf pl*) concernées. {legal terminology} **interested party**: ayant droit (*nm*)

interim dividend acompte (*nm*) sur dividende (*nf*)

interim report rapport (*nm*) intérimaire

interim tax payment tiers (*nm*) provisionnel

[inventories] stocks (*nm pl*), valeurs (*nf pl*) d'exploitation

inventory inventaire (*nm*). **to take/to draw up an** —: faire/dresser un inventaire. — **book**: livre d'inventaires. **book** —: inventaire comptable. — **turnover**: rotation (*nf*) des stocks

investment placement (*nm*), investissement (*nm*). — **in subsidiary and associated companies**: titres (*nm*) de participation

invoice facture (*nf*)

issue {of shares} émission (*nf*)

issued {capital} émis (*a*)

L

land terrains (*nm pl*), {pertaining to land} foncier (*a*). — **tax**: impôt foncier

law droit (*nm*)

lawsuit litige (*nm*)

lease bail (*nm*), baux (*nm pl*). **to take out a** —: prendre à bail. **to** — **out**: donner à bail. **house-letting** —: bail à loyer. **long {i.e. 99 year}** —: bail emphythéotique. **to renew a** —: renouveler un bail. **to terminate a** —: résilier un bail

leasing leasing (*nm*). — **agreement**: crédit-bail (*nm*)

less moins (*adv*). **of less value**: de moindre valeur (*nf*)

lessee locataire (*nm, nf*) à bail, preneur (*nm*)

lessor bailleur (*nm*)

lexis lexique (*nm*)

liabilities {side of balance sheet} passif (*nm*). **current** —: dettes (*nf pl*) à court terme, passif (*nm*), exigible, exigibilités (*nf pl*)

licence, manufacturing —: patente (*nf*), brevet (*nm*)/licence (*nf*) de fabrication (*nf*)

licensed patenté (*a*)

limited company {public} société (*nf*) anonyme, {private} société à responsabilité limitée

limited partnership {with share certificates} société (*nf*) en commandite par actions

liquidity liquidité (*nf*)

litigation contentieux (*nm*), litige (*nm*)

loan {payable} emprunt (*nm*), {receivable} prêt (*nm*). — **capital**: emprunt à long terme

long term (à) long terme

loss perte (*nf*). **to show a** —: être déficitaire

loss-making déficitaire (*a*)

lubricant lubrifiant (*nm*)

lunch déjeuner (*nm*)

M

machinery machines (*nf pl*), matériel (*nm*)

maintenance entretien (*nm*)

management direction (*nf*), administration (*nf*), gestion (*nf*)

manager {SA, i.e. not on board} directeur (*nm*), dirigeant (*nm*), administrateur (*nm*), cadre (*nm*), {SARL} gérant (*nm*). **general** —: directeur général

manufacturer fabricant (*nm*)

marketable — **securities:** titres (*nm*) négociables

marketing commercialisation (*nf*), marketing (*nm*)

market price au cours (*nm*) du marché (*nm*)

market value valeur (*nf*) marchande, au cours (*nm*) du marché (*nm*), au cours du jour (*nm*)

materials matières (*nf pl*). **raw —:** matières premières

matured {**of bill**} échu (*a*)

maturity échéance (*nf*)

medium term à moyen terme

meeting assemblée (*nf*), conseil (*nm*). **to hold a —:** tenir conseil

memorandum and articles of association statuts (*nm pl*)

merger fusion (*nf*)

method — **of payment** mode (*nm*) de paiement

million million (*nm*)

minorities {**shareholding**} participation (*nf*), intérêts minoritaires

minutes {**of a meeting**} procès-verbal (*nm*)

monetary monétaire (*a*)

money argent (*nm*). — **order:** mandat (*nm*)

mortgage hypothèque (*nf*). — **loan:** créance (*nf*) hypothécaire

motor vehicles matériel (*nm*) de transport

movables effets (*nm*) mobiliers

movable tangible assets avoirs (*nm pl*) visibles mobiliers

N

name of account libellé (*nm*)/intitulé (*nm*) de compte

national insurance sécurité (*nf*) sociale

negative négatif (*a*)

net net, nette (*a*)

net worth avoir (*nm*) net, valeur (*nf*) nette, situation (*nf*) nette

nominal nominal (*a*)

non-recoverable irrécouvrable (*a*)

note renvoi (*nm*). **—s to the accounts:** annexe (*nf*)

O

office bureau (*nm*). **the Audit —:** la Cour (*nf*) des comptes

one hundred cent (*a*)

one thousand mille (*a*)

operational assets actif (*nm*) circulant

optional facultatif (*a*)

order commande (*nf*). **pay to the — of:** payez à l'ordre de

ordinary ordinaire (*a*). — **share:** action (*nf*) ordinaire

other autre (*a*)

outstanding payments impayés (*nm pl*)

overheads [overhead] frais (*nm pl*), frais généraux, charges (*nf pl*)

overlapping chevauchement (*nm*)

overvaluation {**of assets**} majoration (*nf*)

overvalued surévalué (*a*)

P

packaging emballage (*nm*)

paid payé (*a*). — **up** {**of a share**}: entièrement libéré

par value valeur (*nf*) au pair, valeur nominale

parent company société (*nf*) mère

partner associé (*nm*)

partnership association (*nf*), société (*nf*) en nom collectif

patent brevet (*nm*)

pawnbroker prêteur (*nm*) sur gage, bailleur (*nm*) de gage

pay, to payer (*v*)

payable à payer, **accounts —** [**payables**]: comptes (*nm pl*) fournisseurs, compte de passif

payment versement (*nm*). **to make a —:** verser (*v*)

payment in full {**of a share**} libération (*nf*) intégrale {d'une action (*nf*)}

penalty pénalité (*nf*)

pension pension (*nf*). — **fund:** caisse (*nf*) de retraite

p/e ratio rapport (*nm*) cours/bénéfice

personnel personnel (*nm*), effectif (*nm*)

petrol essence (*nf*)

plant équipement (*nm*), matériel (*nm*), installation (*nf*)

pledged gagé (*a*)

portfolio portefeuille (*nm*)

positive positif (*a*)

postage affranchissement (*nm*)

postal postal (*a*)

per cent pour cent

preference shares actions (*nf pl*) préférentielles, actions à dividende (*nm*) prioritaire

premises locaux (*nm pl*)

premium prime (*nf*)

prepayments compte (*nm*) de régularisation actif. {**on order**} avance (*nf*)

previous antérieur (*a*)

price prix (*nm*), {**securities**} cours (*nm*)

prior period exercice (*nm*) antérieur

private company société à responsabilité limitée {SARL}

production production (*nf*), fabrication (*nf*)

professional {e}valuation expertise (*nf*)

profit profit (*nm*), bénéfice (*nm*). **to show a** —: être bénéficiaire

profitability rentabilité (*a*)

profit and loss account compte (*nm*) de résultat, {**previously**} compte des pertes et profits

profit-sharing participation (*nf*) {aux bénéfices}. — **scheme**: participation (*nf*) des salariés aux fruits de l'expansion

progress, in en cours

property patrimoine (*nm*), domaine (*nm*)

provision provisions (*nf pl*)

proxy formule (*nf*) de procuration

public company société (*nf*) anonyme {SA}

publicity publicité (*nf*)

public revenue office Trésorerie (*nf*)

purchase acheter (*v*), achat (*nm*) de matières et marchandises. — **account**: compte (*nm*) d'achats

Q

quoted admis (*a*) à la cote officielle d'une bourse de valeurs. — **investment**: valeurs (*nf pl*) mobilières de placement

R

raising of money {**fund raising**} collecte (*nf*), mobilisation (*nf*) de fonds

rate taux (*nm*), {**currency**} cours (*nm*) des devises/du change. **minimum lending** — [**discount rate**]: taux officiel d'escompte

raw materials matières (*nf pl*) premières

real estate immobilier (*nm*)

realisable réalisable (*a*)

realise, to {a purchase, a sale, a profit} réaliser (*v*)

rebate ristourne (*nf*), rabais (*nm*), remise (*nf*)

receipt quittance (*nf*), recette (*nf*)

receivable à recevoir

reception réception (*nf*)

recoverable {**of loss, etc.**} recouvrable (*a*), à récupérer

redemption remboursement (*nm*). — **date**: échéance (*nf*)

registered capital capital (*nm*) déclaré

registered office siège (*nm*) social

registered share action (*nf*) nominative

registration enregistrement (*nm*)

reimbursement remboursement (*nm*), remise (*nf*)

related apparenté (*a*), connexe (*a*), rattaché (*a*). — **company**: société (*nf*) affiliée

relating to the company social (*a*)

remuneration rémunération (*nf*)

rent loyer (*nm*). **to** — **out** {to let}: donner (*v*) en location

rental locatif (*a*)

repair réparation (*nf*)

replacement value coût (*nm*) de remplacement

report rapport (*nm*). — **and accounts**: plaquette (*nf*) annuelle, rapport annuel

re-processing recyclage (*nm*)

resale revente (*nf*)

research and development recherche (*nf*) et développement (*nm*)

reserve réserve (*nf*). **contingency** —: réserve de prévoyance (*nf*). **legal** —: réserve légale

result résultat (*nm*)

retailer détaillant (*nm*)

returnable récupérable (*a*)

revaluation réévaluation (*nf*)

revenue revenu (*nm*), produits (*nm pl*)

risk risque (*nm*)

road tax vignette (*nf*)

royalties redevances (*nf pl*)

run, to {a business} exploiter (*v*)

S

salary {monthly} traitement (*nm*), salaire (*nm*), appointements (*nm pl*) rémunération (*nf*). — **advice**: bulletin de salaire

sale vente (*nf*). **gross** —s: ventes brutes

sales account compte (*nm*) de ventes

sales representative agent (*nm*) commercial

[sales tax] taxe à la valeur ajoutée
sample échantillon (*nm*)
scrap value valeur (*nf*) de mitraille (*nf*)
second endorser {of a bill} tiers porteur (*nm*)
security {on a loan} sûreté (*nf*), {i.e. shares} valeur (*nf*) mobilière, titre (*nm*).
  government —: titre de rente.
  transferable securities: valeurs mobilières
sell vendre (*v*)
semi-finished semi-ouvré (*a*).
  — **products**: produits (*nm pl*) semi-ouvrés
setting up, — expenses: frais (*nm pl*) d'établissement (*nm*)
settling day échéance (*nf*), jour (*nm*) de liquidation / jour du règlement
share {SA} action (*nf*), {SARL, partnership} part (*nf*). — **capital**: capital (*nm*) social. — **index**: indice (*nm*) de la Bourse
shareholder actionnaire (*nm*)
shareholders' meeting assemblée (*nf*), réunion (*nf*) d'actionnaires
share premium {paid for in cash} prime (*nf*) d'émission, {on merger} prime de fusion, {paid for in assets} prime d'apport
shop magasin (*nm*). — **sign**: enseigne (*nf*)
short term court terme
sight bill effet (*nm*) à vue
single entry book-keeping tenir les livres (*nm pl*) en partie simple
sleeping partner commanditaire (*nm*), bailleur (*nm*) de fonds
social security benefit prestations (*nf pl*) sociales
solvency solvabilité (*nf*)
source and application of funds ressources (*nf pl*) et emplois (*nm*) des fonds, {statement} tableau (*nm*) de financement
spare part pièce (*nf*) de rechange
special spécial (*a*)
staff personnel (*nm*)
stage étape (*nf*)
stamp timbre (*nm*). **revenue** —: timbre fiscal
State l'État (*nm*)
state-owned concern régie (*nf*)
statutory réglementé (*a*), réglementaire (*a*)
stock-broker agent (*nm*) de change
Stock Exchange Bourse (*nf*)
stocks stocks (*nm pl*), valeurs (*nf pl*)

d'exploitation, marchandises (*nf pl*), {securities} valeurs (*nf pl*), titres (*nm pl*),
storage stockage (*nm*), magasinage (*nm*)
straight-line {depreciation} linéaire (*a*)
subcontracted sous-traité (*a*)
subcontracting sous-traitance (*nf*)
subcontractor sous-traitant (*nm*)
subscription abonnement (*nm*). — **to a loan**: souscription (*nf*) à un emprunt (*nm*)
subsidiary company filiale (*nf*)
subsidy subvention (*nf*), prime (*nf*)
sundries autres (*nm pl*), divers (*nm pl*)
sundry autres (*nm pl*), divers (*a*).
  — **expenses**: frais (*nm pl*) généraux/ divers
supplier fournisseur (*nm*)
supplies fournitures (*nf pl*), approvisionnements (*nm pl*)
symbol symbole (*nm*)

T

takeover bid {cash} offre (*nf*) publique d'achat, {securities} offre publique d'échange
task mission (*nf*)
tax impôt (*nm*), taxe (*nf*). **corporation** —: impôt (*nm*) sur les sociétés. — **credit**: avoir (*nm*) fiscal. — **relief**: allègement (*nm*). **to collect/to levy** —s: percevoir (*v*)
telephone téléphone (*nm*)
telex télex (*nm*)
term échéance (*nf*). **short/long** —: à court/long terme
terms conditions (*nf pl*)
third-party tiers (*nm*). — **insurance**: assurance (*nf*) au tiers/vis-à-vis des tiers. — **subscriber**: tiers souscripteur (*nm*)
thousand million milliard (*nm*)
thousands milliers (*nm*)
tick off, to {an account} pointer (*v*). **to** — **the items in an account**: pointer les articles (*nm*) d'un compte
tooling usinage (*nm*)
trade commerce (*nm*)
trade-in value valeur (*nf*) de remise (*nf*)
trademark marque (*nf*) déposée, brevet (*nm*)
trade union syndicat (*nm*)
trader {retailer} détaillant (*nm*)
trading profit bénéfice (*nm*) d'exploitation (*nf*), bénéfice brut

trainee stagiaire (*nm*)
training apprentissage (*nm*), formation (*nf*)
transfer transfert (*nm*). {of an entry} contre-passation (*nf*)
transferable {of securities} mobilier (*a*)
translation traduction (*nf*). {currency} conversion (*nf*)
transport transport (*nm*)
travel déplacement (*nm*)
Treasury Bill bon (*nm*) du Trésor
trial balance balance (*nf*) d'ordre, balance de vérification
turnover chiffre (*nm*) d'affaires

U

undertaking {guarantee} engagement (*nm*)
undervalued sous-évalué (*a*)
unpaid {bill} impayé (*a*)
unquoted non admis à la cote officielle d'une bourse de valeurs. — **securities**: valeurs (*nf*) non cotées

V

valuation évaluation (*nf*), valorisation (*nf*). — {of investments, securities}: inventaire (*nm*)
value valeur (*nf*). **value-added tax** {VAT}: taxe à la valeur ajoutée {TVA}
variable variable (*a*)
variance écart (*nm*)

VAT TVA
vehicle véhicule (*nm*)
verify, to contrôler (*v*)

W

wages salaires (*nm pl*)
warehousing entreposage (*nm*), magasinage (*nm*)
warrant warrant (*nm*)
waste déchets (*nm pl*)
water rates eau (*nf*)
wear and tear usure (*nf*)
welfare costs charges (*nf pl*) sociales
work travail (*nm*). —s: usine (*nf*)
worker ouvrier (*nm*)
working capital capital (*nm*) d'exploitation, capital circulant, fonds (*nm*) de roulement
work in progress produits (*nm pl*)/travail (*nm*)/travaux (*nm pl*) en cours, produits (*nm pl*) semi-finis
work out, to {to calculate} constater (*v*)
write off, to amortir (*v*)

Y

year an (*nm*), année (*nf*). **company's financial** —: exercice (*nm*) comptable. **tax** —: année budgétaire. **current** —: l'exercice en cours. — **end**: fin (*nf*) d'exercice
yield rendement (*nm*)